中国禅的智慧

杨力说禅

杨力 ◎著

九州出版社 JIUZHOUPRESS 全国百佳图书出版单位

图书在版编目（CIP）数据

中国禅的智慧 / 杨力著. -- 北京 ：九州出版社，
2015.1

ISBN 978-7-5108-3464-6

Ⅰ．①中… Ⅱ．①杨… Ⅲ．①禅宗－通俗读物 Ⅳ.
①B946.5-49

中国版本图书馆CIP数据核字（2015）第007195号

中国禅的智慧

作　　者	杨 力 著
出版发行	九州出版社
出 版 人	黄宪华
地　　址	北京市西城区阜外大街甲 35 号（100037）
发行电话	(010)68992190/3/5/6
网　　址	www.jiuzhoupress.com
电子信箱	jiuzhou@jiuzhoupress.com
印　　刷	北京毅峰迅捷印刷有限公司
开　　本	787 毫米 ×1092 毫米　16 开
印　　张	19
字　　数	327 千字
版　　次	2015 年 6 月第 1 版
印　　次	2015 年 6 月第 1 次印刷
书　　号	ISBN 978-7-5108-3464-6
定　　价	39.80 元

序

博大精深的佛禅

佛禅与道教共同组成中国的两大教，佛寺遍及中华大地，足见佛禅在中国的影响。

为什么佛禅能在中国绵延两千年生生不息呢？

第一，佛禅强调天下众生平等，不分贵贱、贫富、高下，具有很强的亲和力及凝聚力。这也是佛禅能够大众化的原因之一。

第二，佛禅力倡大慈大悲、普度众生，主张善恶有报、因果轮回，对人心具有强大的震慑力。

第三，佛禅强调戒除一切贪念，这样少一分贪欲，就少了一分罪恶，客观上有利于社会的安定，更有利于帮助众生摆脱痛苦。

以上是佛禅在中国几千年来香火不断的缘由。

我研究及撰写佛禅已经是第三次了。第一次是我在北大图书馆艰苦坐写二十年，完成《中华五千年文化经典》时写就了佛学卷；第二次是我写历史小说"千古系列"十部中的第五部《千古传奇》，写玄奘到印度取经的真实经历；第三次就是写这本《中国禅的智慧——杨力说禅》，对佛禅再次作了较深入的思考。

我讲佛禅，不是让大家都去归佛，我自己也不是佛禅信徒，我讲佛禅，是为了弘扬国学，为了让大家从博大精深的佛禅中借鉴和汲取一些智慧，帮助我们提高心灵的修养。

最后，愿这本《中国禅的智慧——杨力说禅》和我的《周易与中医学》《中医运气学》、《中医疾病预测学》、《杨力讲易经》、《杨力讲黄帝内经》、《杨力全解易经》、《易经哲学大智慧》等书一起走进千家万户。

杨力

2015.4.10

于北京杨力书斋

【目录】

【导论章】

禅是什么——禅是一盏心灯！

一、禅是什么

禅是什么？禅是一盏心灯。它能开悟人的智慧，指引人的心路。

如何是禅？禅，梵语 Dhydna，音译为"禅那"，意译为"静虑"。禅包括坐禅、禅定。

禅即是佛，佛即是禅，禅源起佛祖拈花，迦叶微笑，经达摩东渡中土，慧可断臂承传，六组慧能大兴。

禅是印度佛学在中土盛开的一朵奇花，这朵奇花之所以得到中国人的青睐，就是因为它"直指人心"，因为它化繁为简，因为它以心传心。

禅是中国本土化的佛教，是印度佛学在中国的一大发展。

二、为何禅是一盏心灯

禅修要旨在于净虑，净即净息，虑即念虑，静即定，心染除，心镜一定，贪妄尽去，即入净虑之境，净则生慧。佛禅认为"一切业障皆生于妄念"。所以禅定净虑才能生慧。

禅灯的最大智慧就是"无我"、"无相"，如果修持到了不执著相，万有皆无、万法皆空的境界，便能获得般若智慧而进入涅槃境界。

何谓心灯？

心灯，就是强调观心，即观心返照。所谓观心返照即是净心。禅以心为宗，心即禅心。所以，禅悟即心灯智慧。

禅修强调人的本性（自心）是洁净不染的佛心，去除妄念尘染的本心即佛心，这也就是禅宗"直指本心，见性成佛"的智慧。

心灯如何才能点亮？那就需坐禅、入禅，禅定而生慧，真正的禅宗，时时刻刻都在参禅，时时刻刻都能点亮禅灯。关键就在于要时时刻刻做到心定，即使形不定也可心定。只要自心不动，万相也就不会动。

所以禅灯即心灯，自己的心灯。点亮禅灯其实就是开悟自己的心灯。所以禅灯其实就在自性心中。

三、禅修的目的是解脱

禅宗的目的是解脱，解脱才能度一切苦厄。

怎样才能解脱？禅强调缘起性空，一切皆因缘而合。所以人生无常，无住，正是这样的空观，才能帮助超越现实，只有超越才能获得解脱。

禅宗一再强调"放下"，突出"倒空"，其实就是要放下一切执著，清空一切染念，才能入静入禅。

如何是超越？

禅宗认为：万法因缘而生，如过眼云烟，不要被五蕴（色、受、想、行、识）所束缚。

禅修要求离尘去染，做到净虑静心，以戒、定、慧进行修持，才能断妄念，离烦恼，才能解脱。

禅认为天下一切皆"刹那生、刹那灭"，都是缘起性空的，这样就不会因执迷于外相而烦恼，而痛苦。

尤其禅宗贵在当下，重在即刻，更要求放下，放下才能解脱。

总之，中国禅宗极为重视心性的修持，认为一切佛皆在自心中，了悟自心，便能了悟万法，所以禅宗的核心就是"直指人心，见性成佛"。中国禅宗把佛学的修心提升到了最高境界，为佛学的发展做出了巨大贡献。

中国禅宗虽然最终已禅佛归一了，但深邃的禅思却已经融入了中国博大的文化艺术之中而生生不息……

四、佛禅哲学智慧的启示

佛禅既是宗教，也是哲学。哲学是什么？哲学的意译是智慧。佛禅哲学同样是探索人生哲理和宇宙观的学问，但却有它的独特之处。

第一，佛禅强调虚无。

儒易哲学强调"实有"，认为我（主观世界）物（客观世界）都是实有的。物是客观世界在主观世界中的反映，是看得见摸得着的。一句话，儒易哲学的世界观是实有的。

佛禅的世界观是虚无的，尤其认为客观世界是空的，即自性空（本质空），缘起有（现象因缘有），否认客观世界的实相存在。

佛禅，尤其是大乘佛教空宗认为一切事相都是空的，一切事物都是缘起的，即是因缘而合的（依一定条件、一定关系而在的）。

佛禅著名的缘起论就是研究这一理论的。因为万物万相都是缘起的，所以也就是无常的，因缘而合，因缘而分的，所以是无住的、无常的。

因为佛禅修持的目的是为了解脱，也即为了度一切苦厄，那就必须超越世俗，那就必须把世界虚幻化，不去执著一切物象，做到五蕴皆空。所以佛禅认为一切物象及现象都是因缘而合，因缘而存的，也即是缘起的，而其本质则是空的。

因此，以大乘佛教为主的空宗，之所以高度突出空观虚无，其目的还是为众人创造解脱的条件。

归结之，缘起性空，色（物质现象）即是空，空即是色，这就是性空，即佛禅哲学的主要特点和世界观。

第二，佛禅突出唯心。

佛禅的唯心，是强调自己的主观世界的主宰意义，认为心是固有的，本来的，否认客观世界的反映，目的同样在于为了超越和解脱。

佛禅都非常突出自性、心性。由于佛禅不认为世上有什么真恒实物的存在，世人就是因为绊缠这些实物，才带来烦恼和痛苦。所以要解脱，就必须以自心为主。人生无我，因为无我，所以万法无相（相，即实物）。

佛禅既强调无我（无实体、无主宰），又强调自心、自性，其奥义都是为了超越，超越的目的是解脱。即认为世上无实体，一切皆虚幻，都不必执著，从而获得大自在，大解放。

所以佛禅无我的最高境界是超越了主客观的我和物，真正的摆脱一切实相的执著，断却五蕴（色、受、想、行、识）的绊缠和束缚，而进入彻底的空观，这样才能真正达到无烦恼、无贪妄的佛禅涅槃境界。

第三，佛禅重视因果。

佛禅极为重视因果关系，强调十二因缘，就是突出因果转化，重视来生、来世，从而强调希望修持一个好的因果，那就必须积善，必须慈悲。

关于积善，在2500年前的《易经》中，对因果积善早已有著名论断："积善之家，必有余庆；积不善之家，必有余殃。"就是说多行善因，就会结善果；多作恶行，必结恶业。

佛家的因果轮回、因果报应，就是要宣扬行善惩恶。

佛禅宣扬业力果报，就是为了修得来生有一个好的果报。六道轮回中的下地狱、作鬼、转畜生、成阿修罗（魔神）、变人类、成天神，就是六种因果业报。

那就是说人死后会变成上述六种轮回中的哪一种？是下地狱，是升天堂，还是变畜生？……都取决于今生今世的修行积善。

总之，佛禅修持的最高境界——涅槃，即进入一切法空的境界。是破除了烦恼贪妄，超越了生灭苦乐，断绝了因果恶门的无上境界。

　　需要注意的是，佛禅是一门宗教学，宗教有宗教的特点和智慧。宗教哲学既有它自身的规律，必然有一定的可取之处，所以应尊重其特点和价值，不应随便与西方哲学和当代哲学相比而横加抨击。

　　总之，禅是一种智慧，一种以虚空世界观为特点的智慧，对人生有一定的启示。尤其是当今压力超大的社会，更应借鉴一点禅佛的超越和解脱，使人们生活得更自在、更健康。

　　下面就让我们一起分享佛禅的大智慧吧！

【上篇】

佛学的传入及佛的博大智慧

第（一）章
佛学的传入

一、中国禅的来龙去脉

禅即是佛，中国禅是印度佛在中国的大发展。

佛学是中国禅学的前身，禅学是佛学一切教法中的一大总相法门，是印度佛学在中国的一株奇葩。中国禅学也是佛学在中国影响最大、历时千年的一大宗派。其禅思最早源于佛祖释迦牟尼在灵鹫山拈花，达摩微笑，佛祖一句"吾有正法眼藏，涅槃妙心，实相无相，微妙法门，付嘱与摩诃迦叶"。从此开了禅学的"直指人心，见性成佛"的先声。

西土东来，达摩到中国后，在嵩山少林寺面壁九年，入定禅境，成为中国禅的先祖。达摩的大弟子立雪断臂的慧可成为二祖。慧可求拜达摩时，曾在寺外立雪，但达摩说，除非天降红雪，我才会相信你的虔诚。慧可于是自己用刀斩断左臂，血染白雪……达摩认为他已"为法忘形"，慧可终于得达摩真传。慧可活到107岁，慧可之后传三祖僧璨（慧可的弟子），僧璨禅师曾被唐玄宗谥为鉴智禅师。其著《信心铭》是中国禅的开山经典，从此印度佛学开始中国化。

三祖将禅钵传予弟子道信，道信禅师宗《楞伽经》"诸佛心第一"，强调心即是佛，佛即是心，心净即佛。突出"一切万法本性空寂无相"，即是禅佛的空观和自性心，认为"一切业律海，皆从妄相生"，"一切业障皆生于妄念"，为中国禅的净心、修心、禅定奠定了基础，无愧四祖称号。

五祖弘忍7岁即聪颖非凡，被四祖道信禅师发现，将其剃度入法门，道信圆寂后，弘忍在东山寺布法，从僧甚多。弘忍不慕名利，唐高宗曾几次请他入京，都被他谢绝，一心在山林间修禅。弘忍主修《楞伽经》，以修心法为重，强调以心传心，著有《修心要论》。

弘忍74岁入灭，唐代宗谥号大满禅师，生前将衣钵传予慧能。弘忍的大弟子是神秀，但选传承人时，因为神秀的偈文是："身是菩提树，心如明镜台。时时勤拂拭，勿使惹尘埃。"五祖认为神秀尚未达到空观境界，而慧能的偈文是："菩提本无树，明镜亦非台。本来无一物，何处惹尘埃。"弘忍认为他已开悟：万法皆无、万有皆无的佛家最高空无境界，于是把衣钵授予慧能。慧能为了躲避争夺衣钵的名利之徒的追杀，连夜隐遁逃走。

六祖慧能在南方曹溪大兴禅学，但慧能自己不识字，因而也使他成为禅学"不立文字，直指人心"的先驱。

慧能推崇《金刚经》，主要著作《六祖坛经》，对佛学的发展具有很大的影响。

五祖弘忍之后，形成北方以神秀为首的渐修北禅，南方以慧能为首的顿悟南禅。神秀的著名弟子是普寂和义福禅师，慧能的著名弟子有神会。神会的主要功绩是到北方开辩论会，力主慧能是六祖，五祖弘忍的衣钵是传给了慧能，从此形成了南北禅的对峙。

慧能之后最著名的禅学大师是怀让、马祖和百丈。马祖在洪州开马祖道一，使开元寺成为江南佛学中心，强调"平常心是道"，对南禅的盛行作出了贡献。马祖道一的大弟子百丈怀海禅师在禅宗低落的情况下，提出"一日不作，一日不食"的口号，制定百丈清规，对禅宗的生存和发展作出了不朽的贡献。

中国禅是佛教的中国化，中国禅的发展反映了印度佛教在中国的杰出发展。

二、中国禅的发展

（一）禅是中国佛的象征

中国禅是印度佛教的中国化，中国禅源于印度，大发展于中国。南北朝及唐代时期，五祖弘忍的两个大弟子慧能和神秀各成为中国北禅和南禅的代表。其中，北禅神秀受到唐代皇帝的推崇而盛极京师，南禅则在慧能时期大盛，最后形成三个支派，渐衰于元明。最后禅佛归一至今。代表著作有神秀的《观心论》及慧能著名的《坛经》。

中国禅思想主要是修"心性",修禅的最终目标是"见性成佛"。所以"见性"即"成佛"。

怎样见性?就是要净心性,自性净,就是禅修的佛性。强调心性本净,修禅即要"直指人心","自性清净"。所以突出修心、净心是禅修的主要禅机。

禅是印度佛学在中国发展的主要成果。禅也是中国佛的象征。中国禅来源于印度,兴起于南北朝,大盛于唐代,鼎盛于宋代,衰落于元明时期,后重归于佛,历时千年。

中国禅主要接受了印度的大小乘禅法,尤其得法于安世高所传的小乘禅学。

印度禅之所以能在中国大发展,主要原因是禅佛与中国道家神仙思想和呼吸吐纳的一脉相承。尤其禅与定的结合,从而为禅修自性自悟的接受奠定了基础,于是从南北朝开始,习禅之风逐渐盛行。中国禅便开始兴起了。

受小乘禅安世高等的影响,禅习当时以坐禅数息法为主,因与中原一带盛行的神仙方术相结合,所以认为修禅可以天眼通,这样禅习很快被中国人所推崇,渐渐修禅从数息向修心发展。"坐禅入定"便逐渐成为中国禅佛的主要修持习法。印度禅的中国化及印度佛学的中国禅佛化便开始了。中国禅从此成为印度佛学的一朵光彩夺目的奇花。

(二)大盛于唐朝

五祖弘忍的高徒神秀在五祖圆寂后,于荆州当阳山玉泉寺传法,声望日高。当朝皇帝武则天以极高的礼仪诏神秀入京城后,禅学大盛。

神秀强调"观心"、"修心"、"息妄"这一观心禅法,成为中国禅的心性的代表,神秀突出强调渐修而非顿悟,并使渐修成为北禅的基本禅法。北禅宗在五祖弘忍的创建、神秀的弘扬下逐渐形成。

唐中宗对神秀尤加礼重,敬之为"两京法主,三帝国师"。神秀圆寂后,又特敕神秀第一大弟子普寂统法,北禅盛极。

唐玄宗时(开元十三年,725年),神秀的第一大弟子普寂仍然备受唐皇推崇,死后被赐谥"大照禅师"。

神秀的第二大弟子义福,在京师同样被唐皇推重而沙门日众,禅风千里,圆寂后被赐谥"大智禅师"。

（三）宋朝士大夫热衷的禅儒相通

唐朝北禅一直发展兴盛，但在唐武宗（845年）灭法后，北禅因受到了严重的摧残，而开始衰落下去。但南禅的飞速发展使中国禅在民间仍持续兴盛。

到了宋朝，由于禅学的修心性与理学的重心性及修心不谋而合，大儒朱熹提出了"性即是理"，性理不二，"禅即是儒"。把禅性融入了理学，从而使禅佛在士大夫中上升到了一个新的地位。禅儒的进一步融合使禅学在宋代进入到了当时的主流意识，禅佛也从民间上升到上层社会，这对佛禅的发展起到了重要的作用。不少易学家，如程颐等也喜爱入禅，这样由于禅与士大夫理学、易学的结合，也使禅学更富哲理性。这也是禅学在宋代鼎盛的重要缘由。

（四）元明时期，禅道的融一

道家和禅学从来都是相通的，道家的无欲无为、清静虚无与禅学的净心修心是相一致的，道家仙家的呼吸吐纳与禅学的坐禅数息是无二的，其净心少欲、虚无空净的意境都是相通的。所以，道家与中国禅从来就不是互相排斥的，而是相辅相成的。由于道禅的相通更得人心，客观上促进了中国禅的生存和发展。

（五）清代时期大兴的文字禅

继宋代，禅佛与士大夫的融合及众多士大夫的参禅，加之受经学发展的影响，禅儒更加走向了投缘。大量禅灯语录编纂问世，中国的禅师们也渐渐从"不立文字"，转向了"大立文字"，他们既讲禅修又谈禅灯、禅录，从而使文字禅崛起，禅学也更加吸引人。

由于士大夫参禅及居士的涌现意味着出世禅已向入世禅转向，从而使中国禅的发展又具有了新的优势。

（六）民国文艺禅文化禅的融入

禅师从"不立文字"转到文字禅后，其禅偈受中国诗词的影响，也开始了禅诗化。同时不少参禅的文人，受禅学的影响，其诗也逐渐进入了禅境而更加禅诗化，并且涌现了许多著名的禅诗、诗偈。由于禅的意境较高，所以融禅于诗和引诗入偈会使中国的诗词的意境更上一层楼，而禅偈也更有文学

味。如"不识庐山真面目，只缘身在此山中"，便可见禅诗、诗偈之妙。

美术也一样，由于画师的入禅，画的意境提升了，艺术特色更具中国化，所以美术的禅入也扩大了禅的影响。

总之，由于禅的艺术化，禅从宗教扩大到了文化艺术，从而使中国禅从意识形态领域逐渐向文化艺术领域转化。这样既扩大了禅的影响，又加速了禅的民间化。

（七）禅佛归一

禅从传入、发展、鼎盛、衰落直到禅佛的合璧，历经了千年之久，但禅佛本是一家，中国禅既是印度佛在中国的独特形式，也是中国佛学的重要发展阶段。禅佛的归一是中国禅发展的必然结果。

（八）结语

中国禅虽然在宗教的意识形态领域衰落了，但却深深融入了道家仙家修持，更转化到了文化艺术之中，无不说明流传千年的中国禅依然会以不同的形式在中国生存下去。

禅佛的生存，还有一个重要的原因，即从化缘乞食广扩布施，转化为"百丈清规"的"一日不作，一日不食"。自食其力，为中国禅的生存创造了条件，也体现了中国禅的强大生命力。

三、佛祖是怎样铸成的

佛禅是中国的主要宗教之一，和道教共同组成中国两大宗教。佛禅对中国宗教及思想都曾经产生过深刻的影响。

佛禅的慈悲观，对中国的伦理产生了一定影响，其心识观对宋明理学、心学的发展都起到了刺激作用。佛经对中国经学古籍也产生了深刻的影响，从而发展成为影响巨大的佛禅文化。

佛禅对中国的影响与其说是宗教的，不如说是文化的更为确切，佛禅对中国传统文化影响之大，仅次于儒家道家。

（一）出家前大富大贵

大约2500年前，在古印度恒河河畔一个叫菩提伽耶的地方，有许多菩提树，就在一株七叶茂密的树下结跏趺坐着一个人，他曾发誓不证得大菩提

释迦牟尼修持图

决不起身。他是谁？他为何要出家？

他名叫乔达摩·悉达多，是迦毗罗卫国净饭王的太子。

悉达多身为太子，即将继承王位，他住在华丽的宫殿里，有美丽的妻子和可爱的小儿子，有这样优越的生活条件和高贵的前程，为何还要离家修行呢？

（二）三件事改变人生

第一件事，是有一天，悉达多太子外出打猎，看见路边有一个老人在悲伤地哭泣。生性善良的太子跳下马，来到老人身边，关切地询问：

"老人家，您为何哭泣？"

"噢，因为我被儿子、儿媳赶出来了，他们说我老了，什么事也做不动了，在家白吃饭。"

悉达多听了非常愤怒，心想，人啊，为什么不能多点悲悯之心，为什么不能多点善良……

悉达多吩咐下属去照料老人的时候，陷入了深深的沉思……

为何路边的老人在哭无人关心？人为何不能多一点慈悲心肠？……

第二件事，是有一天，悉达多太子坐在车里，在街上看见一列出殡的人，只见他们哭得十分悲伤，下属要去叫他们让路，悉达多阻止了下属，说：

"让他们先过去，他们太悲伤了。"

悉达多静静地看着哭泣的人们又陷入了沉思……

啊！人死了，亲人们是多么的悲伤啊！要怎样才能让亲人们少点悲伤呢……

第三件事，是有一天，悉达多太子外出回来，他坐在车上看见路边坐着一男一女，男的皱着眉头在痛苦地呻吟，女的在一旁流泪，悉达多太子忙叫人停车，他下了车，急走过去问道：

"你们在哭什么呀？"

女的说："我的丈夫得了病，他肚子疼，他快不行了。"

悉达多忙对下属说："快把他们送进城去，让我的医生给他们看病。"

"是，太子殿下。"

悉达多站在路边，目送着呻吟的病人，又陷入了沉思……

啊！人生病了为何如此痛苦，人的生老病死是人生的一大痛苦，要怎样才能没有这些痛苦？

天哪！人生如苦海啊……

哭泣的老人与悉达多太子

悉达多太子思考生老病死

悉达多太子与生病的男子

悉达多太子在落日下沉思

悉达多太子为战争思考

从此，悉达多睡眠不安，饭食不香。

真正对悉达多（也就是佛祖）最终出家起决定性作用的事件是，悉达多耳闻目睹他的邻国的一个大臣为争权夺利发动兵变而殃及百姓，无辜人民被残杀而血流成河……

悉达多站在惨淡的落日下，看着殷红的西天沉思着……

人啊，为何要有恶念邪欲，正是这些贪欲给人们带来了灾难。

人要怎样才能减少这些贪欲、妄欲？

为了解决他沉思的问题：解决衰老病死给人们带来的悲苦，解决贪欲邪念给人们带来的灾难，悉达多终于在一个深夜离家出走了。他摆脱了父王的软禁，放弃了高贵的王位继承，离开了美丽的妻子和可爱的儿子，尤其是放弃了优越尊贵的生活，走出了皇宫……

所以，佛祖为何出家修行？一句话，为了去解脱人间的苦难。

智慧启示

人生无常，世事难料，这就是佛学"无常"、"无我"的启示。空则空矣，无则无矣，人生在世，因缘一场，还是少点贪欲，多点关爱为好，所以空观是遏制贪欲膨胀最好的良药。

第二章

佛学的基本理论奥义

博大精深的佛教，来自浩瀚的经典，蕴含高深的学问。

佛教的基本理论为空观。空，是佛教最重要的哲理，因其对彼岸世界的承认与否，又分为有宗及空宗两大派，从而构成了大乘佛教的两大教。

空宗的理论基础是缘起说，即万事万物皆依一定的条件("缘")而生。缘，包括内缘及外缘，是一切事物生住异灭的条件，代表人龙树，代表著作《中论》。

有宗的理论是"境（客观世界）空,性（主观世界）有"。分为唯识宗（承认主观唯心主义的"阿赖耶缘起"论）、天台宗、华严宗（承认客观唯心主义的"真如缘起论"及"法界缘起论"）。

悲苦观是佛教的重要思想核心，苦，主要包括四苦谛。整个佛学自始至终就是研究如何超脱苦难，进入菩提境界。

唯识论是佛教有宗派唯识论的核心理论，是佛教瑜伽学派的核心。唯识派是重心识的派别，也即强调主观心的作用。唯即唯一，识即心识，所谓"万法维识"。阿赖耶识种子说（研究佛教心理活动规律）是唯识论的核心理论。

坚信人存在三世轮转，存在因果报应业力轮回（因果轮回）思想是佛教的重要理论。

诸法无为

释迦牟尼像

孔子像

老子像

第一节　博大精深的佛教悲苦观

道家老子悟出的是"虚无"；儒家孔子悟出了"仁爱"；佛祖在菩提树下七天七夜悟出了"悲空观"。

一、佛教的空悲观

（一）佛教的空观

佛教是空悲哲学，故空观是佛教的理论思想。佛教的空观，主要是否认客观世界的存在，并以承认或否认彼岸世界（涅槃、菩提）及精神实体的存在而分为有宗及空宗两大派。其中，空宗认为一切客观世界及主观世界皆是空的，包括精神高度寄托的佛境皆空，是佛教中最典型的空派。

周文王在狱中七年悟出了自强二字，从而开创了儒家的有为，影响了孔子的仁爱；老子出道悟出了"虚无"二字，从而影响了道家的无欲无为；那么，释迦牟尼在菩提树下七七四十九天又悟出了什么呢？

佛祖悟出了"空悲"二字，从而奠定了佛学的核心理论——空悲观。

空，四大皆空。

空的含义是什么？释迦牟尼说"诸行无常，诸法无为"，就是认为一切都是空幻无常的。

"空"是佛教最重要的哲理，佛经里比比皆是。"空"的含义很复杂，"空"与"有"组成了大乘佛教的两大派别，即有宗和空宗，并有五种不同的看法，空的内容很广，如《般若经》有十六空，《智论》举十八空。

"空"的含义是什么？"空"与"有"是一个事物的两个方面，即此时存在为"有"，彼时不存在了则为"空"。"空"不是指世界的本源，也即非指世界的本体是空的；而是指万事万物在其发展过程中，随缘（条件）而变异的规律。不存在还有什么外在的主宰（即不存在人们主观上还有什么"实有自信"），这个"不存在的主宰"即佛教的空。有，则强调事物生、住的"缘生"（条件；"缘生的客观事物，相用宛然"）。因此佛教空与有是一个事物的两个方面，"即空之有，因果不失"，"即有之空，真性不隐"。

总而言之，空观说不存在什么主宰事物发展的精神性的东西，因此，从这一点来看佛教的"空"又寓含"有"，有和有宗，相比之下，有一定的唯物的观点。

那么，事物的"生、住、异、灭"（生长死亡）又是由什么决定的呢？

佛教认为由"缘"决定。缘，即条件，凡能有助于事物生、住（生长）的条件称为顺缘；反之，凡促使事物灭坏（死亡、消灭）的条件称为逆缘。所谓缘起，指"诸法因缘起"，就是说一切事物皆依据一定的条件（"缘"）而生（"起"），就是所谓的"因缘而合"。也就是告诉众生，任何事物的发生和存在都依赖一定的条件，没有这个条件（"缘"），事物就不存在了。因此，人应该从万事万物无穷无尽的因果关系中，沿循着事物的发展规律去积极创造缘（条件），以促进事物的发展；而不应该任运浮沉，听命摆布，这就是佛法所说："缘起无自性。"（"自性执"，即认为事物的发展不是"缘生"的规律所决定，而是相信什么外来的主宰。）

以上是佛教空观理论的最基本观点。空观理论最早始于释迦牟尼，他认为"诸行无常，诸法无我"，即一切行为都是空幻无常的，一切事物都没有自性（没有实体）。龙树《中论》也说："未曾有一法，不从因缘生，是故一切法，无不是空者。"所以佛教认为万物没有自性，只有假名，世界是虚幻的，万物似有非有，似空非空，一切色、心、我、法皆是空。

《心经》是佛学著名的经典，它对空观的解释是"照见五蕴皆空，度一切苦厄"，远离一切颠倒梦想。

何谓五蕴皆空？

五蕴是佛学重要的理念。蕴，即蕴义，指"色、受、想、行、识"五种因素蕴集而成五蕴。其中：

①色蕴：指物质现象，主要为地、水、火、风等。

②受蕴：指感觉。包括众生在和外界接触时产生的各种感受。具体指眼根所受、耳根所受、鼻根所受、舌根所受、身根所受及意根所受等六根的感受。

受又根据道德分为苦受、乐受及不苦不乐受。

③想蕴：是一种相当于抽象思维的能力，如判断一个人是好人，还是坏人。

④行蕴：指行动。

⑤识蕴：指对事物的认识。

总之，佛学的五蕴指众生的抽象及表象认识的总和。

所以佛学的"五蕴皆空"，指的就是人的主客观世界都是空的。这就是《般若经》所说的"诸法皆空"。

五蕴皆空

空宗的缘起说，认为万事万物皆因"缘"的聚散而生、灭，因此是"无常"、"无我"的。即无固定的常体，包括自己在内，当然也就不存在造物主了，故空观否认客观世界还有什么精神实体，这也是空宗最为先进的观点。

"无常"，佛教认为世界一切诸法（万事万物）皆存在着刹那生住异灭的变化，如《智度论》曰："一切有为法无常者，新新生灭故，属因缘故。"《大智度论》曰："若法无常，即是动相，即是空相。"说明诸法（万物）的存在由于是因缘合离（因条件而聚散），因此只不过是刹那间的存在，并刹那间地消逝着，如雷电一般。《涅槃经》所云"是身无常，念念不住，犹如电光暴水幻炎"即是。

"无我"，佛禅认为诸法因缘而生，即人体因一定的条件如五蕴所假合，并非有常一之我。正如《十地经》所说"我空法空"，《大乘义章》所说"法无性实，故曰无我"。

总而言之，客观的理论为四大皆空，即以人而言是生、住、异、灭，以世界而论是成、住、坏、空。

龙树还在空观的基础上提出中观，成为中观学派的代表思想。所谓中观是指对空观的不偏不倚的看法，即既不"执有"（事物有固有的实体，即"自性"），也不"执空"（即恶取空，指把一切事物都看成是虚空的），而是认为"空"是相对"有"而言的，即言事物是因一定的条件而存在的（"因缘起生"）。

因此，在一定的条件下事物为有，离开了一定的条件事物就空了（不存在了）。例如碗里的饭是由一粒粒的米组成的，"饭"没有独自的实体，没有米，"饭"就不存在了。这就是龙树说的"众因缘生法，我说即是空，亦为是假名，亦是中道义"。即使有名（如"饭"），也不过是空名而已，没有"饭"自己的实体，只有"米"的实体。因此龙树的"空"是既空又不空。

以龙树为主的中道观，是介乎于"空"与"有"之间的。即"有"指有现象，有假名，"空"指无实体，无自性。中观学派的《中论》集中反映了"空"的中观思想。

佛教的"空"与老子的"虚无"是一样的，都是想让人们懂得一点人生无常，世事难料，从而少一点贪念和欲望。

现代人的痛苦大多都是由于贪念和欲望过多而带来的，有的人因此而走上犯罪的道路，这一切都是栽在万恶的欲望上，所以佛学的空观，是很值得人们借鉴的。

释迦牟尼提出空观，目的在于解决众生因欲望而带来的痛苦。

空观是佛学的核心思想，空观的巨大作用在于让众生减少贪欲。由于减少了贪欲，从而有利于摆脱达不到欲望时的烦恼。而摆脱了烦恼，才能让人从痛苦中获得解脱。这就是为什么许多人入了佛门后痛苦得到解脱的缘由。所以，释迦牟尼悟出的"空悲"与老子道家的"虚无"一样，不知拯救了多少众生。

（二）佛教的悲苦观

佛教是悲空哲学，悲苦人生观是佛教的重要思想核心。

佛教创始人——释迦牟尼佛陀即是为了挽救人间的生、老、病、死而放弃崇高的王位，出家入佛的。

佛教的人生观为悲苦人生观，佛禅认为人生如苦海，修持的目的是为了帮助人们超度苦海，进入菩提或涅槃境界，即证得智慧圆满的佛果位。也即化污秽为清净，化烦恼为菩提，化生死为涅槃的最终人生境界。其中小乘佛教主要是自己超脱，大乘佛教则发展为不但自己苦度，还要帮助别人超度一切苦厄，所谓自觉觉他。

印度佛教主要分为小乘佛教和大乘佛教，前者为古典佛教，传入中国的主要是大乘佛教（乘是车舆的意思，大乘也即用大车把苦难的人们从苦道上度出）。佛教早期的苦行僧以苦行消除往业带来的恶果，属耆那教，现已较少有人实施。

苦，《菩萨藏经》认为有十苦逼迫："一生苦、二老苦、三病苦、四死苦、五愁苦、六怨苦、七受苦……八忧苦、九病恼苦、十流转大苦。"《心经》说："照见五蕴皆空，度一切苦厄。"《佛地经》则说："逼恼身心名苦。"

四苦谛即是佛教最基本的教义，即：苦谛（人生如苦海）、因谛（苦的原因）、灭谛（苦的灭除）、道谛（灭苦的方法）。因此整个佛教从头至尾就是论述人间之苦和如何超脱苦难的办法。

悲，即慈悲，这是佛教的第二大佛理。佛教的慈悲与孔子的仁爱、《易经》的厚德、老子的博爱是一致的，都是强调为人要多关爱他人。发慈悲心，就是发菩提心，就是发帮助众生摆脱苦厄的佛心，就是要求众生要像菩萨一样大慈大悲，这是佛教最高尚的人性修持。

下面，我们看一下佛经对慈悲的解释。

何谓慈悲？《大乘义章》曰："爱怜名慈，恻怆曰悲"，"慈能与乐，悲能拔苦。"《华严经·普贤行愿品》说："菩萨若能随顺众生，则为随顺供养诸佛；若于众生尊重承事，则为尊重承事如来；若令众生生欢喜者，则令一切如来欢喜。何以故？诸佛如来以大悲心而为体故。因于众生，而起大悲，因于大

苦修

悲，生菩提心，因菩提心，成等正觉……一切众生而为树根，诸佛菩萨而为华果。以大悲水饶益众生，则能成就诸佛菩萨智慧华果。……是故菩提属于众生，若无众生，一切菩萨终不能成无上正觉。"又如《大乘本生心地观经·功德庄严品第九》曰："一切菩萨，复有四愿，成熟有情，住持三宝，经大劫海，终不退转。云何为四？一者誓度一切众生，二者誓断一切烦恼，三者誓学一切法门，四者誓证一切佛果。"

总之，佛教慈悲观是为了发掘人性中原本就有的善良之性，从而使人们相处得更愉快，这样多一分快乐自然也就少了一分痛苦，所以发慈悲心也是佛教帮助众生解脱痛苦，帮助众生超脱的一大修持内容。

佛学是悲空哲学，悲苦人生观是佛家修持者的重要修持。

佛教创始人释迦牟尼出家前深深感受到人生如苦海，出家后，在菩提树下悟出了悲苦观，从而提出了佛教修持的目的——超度苦海，进入菩提或涅槃境界。

那么，什么叫涅槃呢？

佛教认为涅槃是一种超度，一种解脱，是对烦恼、欲望、生死……诸苦的最后断灭。

佛教关于涅槃虽然有诸多解释，但万变不离其宗，佛教的涅槃境界就是彻底摆脱了苦海，跳出了生死轮回的世俗世界。

涅槃与解脱是有区别的。解脱是要去除烦恼，灭去迷障，而涅槃则是一种超脱，是绝断生死永不轮回的状态，是最高境界的宗教解脱。涅槃意味着已超越了肉体的存在，是一种精神上的彻底解脱。

现代人，尤其是青年一代不知人生的维艰，未尝人间的甘苦，有的一味企求享乐，缺少艰苦奋斗的精神，因此汲入一点佛学的苦教也未尝不无裨益。至于佛教大慈大悲、普济众生的伦理思想，更应为之借鉴。此外，现代人明知宗教是唯心的，明知不存在彼岸极乐世界，也不存在来世，可是还偏偏去信仰宗教。

目前世界上信仰宗教的人占人口总数的60%之多，说明宗教是一种重要的社会力量。许多人愿意从宗教中得到慰藉，以求解决心理问题和得到平衡。在现代，随着生产力的发展，社会关系越来越复杂，人的心理问题日益严峻，人与人之间关系淡化，宗教这时就起到了一种协调缓冲作用。因此，从社会学的角度来看，宗教是一股无形的力量，应加以保护。正如周总理所说，信仰宗教和不信仰宗教的人都应该互相尊重。

二、佛教为什么要修佛

（一）修佛的最高境界

修佛的最高境界是菩萨和佛陀，佛陀即菩提，是智慧和道德最圆满的境界。佛教修佛的目的在于自觉觉他，即帮助众生超度苦海，进入菩提境界。佛教摆脱悲苦的法宝是空观，所谓空观是用佛教的智慧，觉悟出万法（万物）和自性（自我）皆空。

佛教的这个重要理论奠定了佛学的全部理论基础。即认为世界万物（包括生命）都是流转不息的，无固定常体的，即使有，也是心识的作用（"万法唯识"）。因此，宇宙万物、人间生命不过是流动着的瞬间（"刹那生，刹那灭"），宇宙万物和自我都是永恒不灭的，只不过是变换了存在形式而已，是受一种自然蕴力（业力）所驱使的，而且是互为因果关系的。

这种空观理论和业力果报理论，便是佛教认为人生不灭、"六道轮回"、三世轮转的理论基础，也是佛教能超越自我，乐观生死的原因。

佛教认为人生一世，万物一秋，不过是宇宙万物运动长河中的一个"刹那间"，是无生无灭，无法无自性的。佛教要求修持者能觉悟这些道理，从而断除烦恼，清除妄念，最终超度万法，越逾生死而达到十界圆融的佛果位。

（二）佛学摆脱痛苦的三大法宝

1. 第一法宝——悲空观

佛教悲空观认为，当众生看空了世界和人生，自然也就无所谓痛苦了。佛教的缘起说以"诸法因缘生"、"无我"、"无常"及"因果业力"理论倡举"四大皆空"（生、住、异、灭和成、住、坏、空），组成了空观说的思想体系，也即佛教用以摆脱人生悲苦的主要法宝。

2. 第二法宝——因果业力

佛教摆脱悲苦人生的第二法宝是因果业力。所谓业力，佛教认为是驱使世界万物及人生因果转化关系的自然力量，包括人生存在着三世（或更多世）因果报应的自然能力。

由于佛教认为存在着三世轮转因果报应，即善有善报、恶有恶报，昨世的"恶业因"导致今生的"恶业报"，今生的"善业因"可以修得来世的"善业果"；因此主张除恶行善，这就是佛教行慈悲的理论依据，故佛教强调除恶积善。如《法句经·恶行品》曰："莫轻小恶，以为无殃，水滴虽微，渐盈大器，凡罪充满，从小积成；莫轻小善，以为无福，水滴虽微，渐盈大器，凡福充满，从纤纤积。"

3. 第三法宝——发菩提心

佛教摆脱悲苦人生的第三法宝是发菩提心。菩提，即觉悟。菩提心即求正觉之心，即进入无上正觉之道。《维摩经·佛国品》曰"菩提心是菩萨净土"，即言发菩提心，就是发慈悲心。

佛教认为人人皆有佛性，如《大般涅槃经》曰："一切众生悉有佛性，乃至一阐提等亦有佛性。"即认为慈悲善良为人之天性，发慈悲心、发菩提心、发解脱心、发出离心，都是帮助众生摆脱苦厄的佛心。

三、佛教的因果和轮回说

佛教认为，大自然包括人生，存在着一种人未能揭示的自然力量，佛教把这种神奇的力量叫做业力。在这个神奇的业力作用下，便存在着因果轮回及因果报应。

业力轮回，又叫因果轮回，是佛教的又一核心理论。因果轮回坚信人生存在着三世轮转，存在着因果报应。

佛教不但强调因果轮回，并且用以作为摆脱人生痛苦的法宝。那么，这个因果轮回怎样解释呢？

佛教用"业力"来阐述，认为业力存在着因果关系，即一种事物的业力会成为另一种事物业力的因，有了这种作为因的业力，即可驱使发展为果的业力。前者为业因，后者为业果；一业因可以生多业果：善业生乐果，恶业生恶果；如是因生如是果。这就是业力的因果律。

再说通俗一点，就是说佛教认为事物从起因到结果都有一种无形的力量主宰着和控制着。一种事物的力量又会产生另一种事物的力量，这种力量叫做自然业力。其中事物的个别能力叫别业，事物的总能力称为共业，业力之间存在着千丝万缕的联系。

1. 佛教的因果律是什么？

佛教认为有因必有果。佛教的所谓业力的因果律也就是促使事物发展转化的自然力量，包括所谓"十二因缘"。业力的因果业包含着因果报应。个别事物的别业可以产生别报，而许多事物的"共业"又会形成共同的"共报"，共业和共报往往是事物难以改变的巨大蕴力。

也就是说世界万事万物中，个别的事物存在着因果转化的自然力量，许多事物中也存在着形成因果转化的更大的蕴力，这就是佛教的"业力"。个人的"别业"容易改变，而众多事物形成的"共力"是巨大的，难以突破。有因必有果，事物之间促成因果转化的力量，便是佛教的业力因果律。

正如《华严经·入法界品》所说："一切诸报，皆从业起；一切诸果，皆从因起；一切诸业，皆从习起；一切佛兴，皆从信起；一切化现诸供养事，皆悉从于决定解起；一切化佛，从敬心起；一切佛法，从善根起；一切化身，从方便起；一切佛事，从大愿起；一切菩萨所修诸行，从回向起；一切法界广大庄严，从一切智境界而起。"

因果律在佛教中之所以叫业力因果律，就是突出事物存在着因果关系，这是天下事物的重要规律。

因果其实在《易经》中早已提出，如：《易·系辞》说"积善之家必有余庆，积不善之家必有余殃"，就是说善因必有善果，恶因则得恶果，也就是佛教著名的"善有善报，恶有恶报"。

佛教强调因果报应，所谓"因"，指因缘，就是能产生一切结果的原因，是事物存在和变化的一切条件。所谓"果"，又叫果报，是从原因产生的结果。这就是因果相依，也就是因果报应存在的理论依据。

因果报应与善恶密切相应，所以佛教强调，人要想有好的结果就要多行善少作恶。

关于善恶，佛禅认为有十善十恶：

十善业：不杀生、不偷盗、不邪淫、不妄语、不两舌（不搬弄是非）、不恶口（不出恶言）、不绮语（不花言巧语）、不贪欲、不嗔恚、不邪见（不看污秽丑恶的东西）。

十恶业：杀生、偷盗、邪淫、妄语、两舌、恶口、绮语、贪欲、嗔恚、邪见。《西游记》中猪八戒的"八戒"就是十戒中的八种戒。

2. 佛教著名的轮回是什么？

佛教反复强调的轮回，正名叫业力轮回。业力轮回是因果报应在道德领域的杰出应用。

3. 什么叫"六道轮回"？

六道是众生轮回的道途，包括天、人、阿修罗、地狱、饿鬼、畜牲六种。所以佛教强调众生如果修持得好，行善多，才可能生为天、人；反之，作恶多，那就只有轮回生为阿修罗、地狱、畜牲、饿鬼。

佛教的所谓业力轮回是把业力因果律理论应用于道德因果报应。即认为

在菩提树下苦修的佛祖

人存在着昨世——今生——来世三世，众生都在这三世中轮转。驱使三世轮转的动力，佛教认为是支配人的命运的一种无形力量。

佛教认为支配人的命运的不是有情的神灵，而是一种无形的自然力量，这意味着佛教在唯心主义的成分中寓有唯物的观点，这正是佛教和西方宗教不同之处。

佛教的六道轮回说认为人的因果业力不仅局限于一生一世之内，而且涉足于三世甚至多世，因此强调修佛要注意业力命运的果报，即善有善报，恶有恶报。佛教称为善业果报及恶业果报，并认为果报可以影响来世甚至更远，故佛教强调慈悲行善。

人的命运，"命"确是命中注定，与生俱来的，但"运"是可以运转，可以改变的，这就是佛教强调善业果报的原因。佛教认为生前行善，死后则可升天堂；生前作恶，死后则必然得到被打入地狱的恶报。佛教认为今生的福是昨世善业的果报，今生的苦是昨世恶业的果报，这种三世轮转的观念虽然是宗教的，但强调众生止恶行善，对社会是有积极意义的。

佛教把轮回称为业力轮回，就是强调冥冥之中存在着一种神奇的力量驱使着轮回，但归根结底驱使轮回的还是自己的道德，善有善报，恶有恶报，这是人性的愿望在佛教中的体现，也是佛教的最高境界。

4. 佛教因果律业力理论的哲学价值

佛教业力理论强调了自然因果律的意义。

佛教业力理论强调了哲学的因果律，突出了事物之间的相互依赖及相互联系。佛教以"别业"及"共业"，反映了事物之间的千丝万缕的联系规律，尤其突出了原因和结果之间的关系问题。

业力理论不但注重因果之间的依赖关系，尤其强调了因果之间的转化关系。在自然界因果律方面，佛教极为重视因果之间存在着无形的蕴力，佛教称之为自然业力，这种自然业力包括一种事业产生的力量会成为另一种事业的动力，这种自然业力是超强的神力，但并非为神。

佛教的业力理论突出了自然界的因果规律，是对哲学因果律的充实。佛教业力果报理论，应用在宇宙自然界是光辉的。因为从宇宙自然界的角度来看，业力果报是一种自然平衡机制，是大自然的自稳态效应。如以气象而言，"相火之下，水气承之……金位之下，火气承之"（中医运气理论），春夏秋冬，寒热温凉本是自然交替、自然协调的神力，这种自然业力是不以人们的意志为转移的。

人类应充分认识和驾驭这种自然规律，这就是佛教自然业力果报理论对哲学因果律的贡献。

5.佛学因果业力的现代意义

佛教的道德业力果报虽然是唯心的，但却具有重要的社会意义。其道德善恶果报尽管是不受意志支配的，但却在人们的心中打下了极深的烙印，造成了一种无形的心理压力。善有善报，恶有恶报，戒恶积善等思想，无形中成为一种公允的道德标准，客观上对维护社会公德起到了积极的作用，这就是佛教道德因果律的社会意义。

智慧启示

佛学的基本理论是空观，核心思想是超度悲苦，修行目的是到达涅槃彼岸。在佛教的眼里，世界是另外一个天地。

总之，佛教总的思想体系是人生如苦海，只有到达彼岸——涅槃，才是超脱苦海凡尘的理想佛界。彼岸存在着"真如"及"佛性"（超自然的精神实体）。佛教反对婆罗门教的种姓制度，主张"众生平等"，"有生皆苦"，认为生存即是痛苦、衰老、疾病、死亡，只有"涅槃"才是苦海的彼岸，超脱痛苦的乐园。

因此，佛教认为"渴求"和"贪婪"是痛苦的根源，超脱的罪障，从而提出严厉的清戒制度。所谓五戒、八戒、十戒，主要以禁杀生，禁偷盗，禁邪淫，禁妄语及禁酒为主。中国佛僧还有禁荤肉的一项。目的在于经过除尘去染，返假还真，断业除惑而证得菩提、涅槃（洁净的彼岸世界）境界。

第二节　佛学哲学的三大命题

一、"万法唯识"

（一）"唯识"

唯，即唯一；识，指心识；唯识指"万法唯识"。所谓万法唯识，就是佛教认为客观世界（"法"）并不存在，而是空的，客观事物的存在取决于主观心（"识"）的认识。就是说主观的心认为事物是什么，那就是什么。这就是佛教著名的"万法唯识"。

佛教唯识说认为客观外界是不存在的，所谓境空，世界上的一切法不过是因心的变现而已，没有心识便没有境物，这就是所谓有唯识，也即"唯识无境"，指人的主观认识是客观世界存在的基础，这是一种主观唯心主义的认识论，即客观世界（"境"），依人的主观世界（"心识"）而定。此为佛学空观的第二理论基础。

万法唯识表明佛教认为事物是空有的，只有人的心识存在，这就叫"识有境空"。这是宗教哲学主观唯心主义世界观的特色，也是佛教哲学的特色。

唯识学派以法相宗为主。

（二）"唯识宗"

佛教唯识理论的代表派别为法相宗（唯识宗），因坚持"识"有"法"空，故属于佛教的有宗派别。中国唯识宗的创始人为玄奘，唯识宗的代表著作为《成唯识论》。"唯识无境，境无识亦无"，"唯识所缘，唯识所现"，即鲜明地强调有"识"（心的认识）才有"境"（客观事物）。

佛教唯识宗因突出心识的存在，故对唯识的研究较为深入，且有独到之处。唯识学对心的特殊的思维活动规律进行了探索，创立了阿赖耶识说，阿赖耶识说组成了唯识说独重心性的核心理论。

二、"阿赖耶识说"

（一）何谓"阿赖耶识"

"阿赖耶"意为"藏"，阿赖耶识指心的"藏识"活动，这是佛教独特的"种子"说。

佛教用种子说来概括人的思维活动过程，所谓"阿赖耶识"，是指佛教的心理思维活动规律。

首先，佛学心识观认为客观世界是"唯识"的，即认为万事万物不是独立存在，而是依存于心识。

其次，佛学心识观认为"唯识"是以"阿赖耶识"为基础的，即阿赖耶识缘起说。所谓阿赖耶识缘起说，即言对客观事物的认识，必须依赖心的藏识活动（阿赖耶识）。心的认识活动包括"缘起"及"缘生"，"缘起"是强

万法唯识

调心识是一种认识世界的功能，即外界的存在与否决定于心识，而"缘生"则为心识活动的具体规律。

（二）佛教把"阿赖耶识"称为种子

阿赖耶识缘起说认为"境"（客观世界）的存在依赖于"识"（人的认识）的活动。阿赖耶识即指人在认识"境"时的思维活动，也就是说客观世界其实并不存在，而是因人的认识所定，即所谓"唯识无境"。

阿赖耶识说认为心识把对外界事物的认识（观念）像种子一样地贮藏起来，并在一定的条件下，心识种子进一步进行抽象思维活动，促使思维活动由"异熟"（思维的始因）发展为"异熟果"（思维的结果），佛教把这一思维的原始动力称为种子。其中，促进思维发展过程的力量，佛教称为"熏习力"，而"种子"及"熏习力"的力量则合称为"识"。

阿赖耶识缘起论的精华在于"种子说"：种子分为"藏识种子"（遇缘则转化成现行种子）、现行种子（本有种子遇缘则成现行种子）及新熏种子（由现行法新熏而来），此三法辗转同时为因果，是为阿赖耶缘起。

即以观念的贮藏及其把形象思维转变为抽象思维的这种心识能力称为"种子"。然后这些贮藏的观念经过"熏习"（心识思维活动）作用把"异熟"变为"异熟果"，即把形象思维——观念，变为抽象思维——概念。

"种子说"开创了佛教著名的唯识宗。

唯识缘起说的主要核心是认为世界万物的存在与否取决于心的认识。以心理为中心点、出发点和归宿点。阿赖耶识属于佛教第八识即藏识，是大乘唯识学的基础，以唯识宗为传教，以《成唯识论》为传教经。

"种子说"实际即指思维活动过程，从佛教的观点来说，种子的功能在于能不能断烦恼，有漏种子为有烦恼、妄念，无漏种子为无烦恼、妄念。佛教阿赖耶识缘起即认为客观事物的存在是依主观思维活动而定的。唯识宗创立的这个观点，目的仍然在于否定客观的存在，无疑是主观唯心主义思想体系。

（三）"唯识论"对中国哲学的启示

唯识论是瑜伽学派的主要理论，是佛教空观的理论基础之一，为大乘佛教的主要思想体系，在佛教理论中占有重要地位，其主要贡献在于着重于自身思维规律的探索。唯识论的精华——阿赖耶识种子说实际上就是通过思维从种子贮藏到开花结果，也即由形象思维向抽象思维，或由观念到概念的不

唯识无境

断深化的过程。

阿赖耶识的种子异熟能变说反映了佛教心理思维活动规律，同时也体现了佛教对心理活动规律的探索，已达到了高深阶段。

佛家唯识心理学虽然是主观唯心主义的认识观，但其对思维规律的研究，是深入和严密的，在当时的历史条件下是先进的。其客观上推动了中国哲学界对主观世界的探索，尤其是刺激了宋明理学对主观世界本体的探索，对中国哲学界由热衷于客观世界本体论的争论转向主观心理奥秘的揭示，起到了促进作用，这是佛学对中国哲学的一大贡献。

三、"缘起"理论

（一）何谓"缘起"

缘起理论是佛学最重要也是最难的理论。缘，攀缘，指人的心识攀缘于外界境物。缘起，指"诸法缘起"，"诸法众缘生唯识论"，即指一切事物依赖一定的缘（条件和根据）而产生。如《中论疏》所说："缘起者，体性可起，待缘而起。"

缘起理论包括缘生及缘起。缘生，谓由缘而生也。《仁王经疏》良贲疏曰："诸有为法，皆从缘生。"《瑜伽师地论》曰："因名缘起，果名缘生。"

缘起，表示对事物有产生的能力，缘生则说明对事物产生的结果。故缘起是一种作用，一种能力；缘生则是在缘起基础上的进一步作用；因此缘起是因，缘生是果。

就是说，因是能生，果是所生。能生是因，所生是果，说明缘起论是建立在事物因果关系上的理论，是佛教理论的基础。缘起论的宗旨是为讨论宇宙生成论及宇宙本体论的。佛教因缘起论的不同观点而分列宗派，说明缘起论在佛教中的重要意义。

（二）无性缘起与法界缘起

1. 无性缘起

缘起言世界万物并非实在，而是依一定的条件生，据一定的条件灭，这就叫做"因缘合和"。缘起理论主要包括无性缘起（又叫缘起性空）、业感缘起（因果缘起）两大核心学说。

无性缘起属中观理论核心，以三论宗为传教。中观学派发展了缘起理论，

诸法缘起

其观点是和唯识论相对抗的。中观学派否认事物的生灭，认为"诸法不自生，亦不从他生，不共不无因，是故说无生"。古德云"实相无相无不相"，无相即是真空，无不相即是妙有，但真空不空，因此实相即是真空，又是般若。

佛教又认为真如是光明智慧，没有烦恼，没有妄念，也不存在生灭因果的圆满自在的最高境界。正如《般若经》所强调的"心性本净，客尘所染"，要去掉尘染，才能转净，也即去除尘染，万法才能见性。

2. 法界缘起

法界缘起是华严宗的核心理论。何谓法界？法，事物。界，类别。法界缘起乃属真如缘起范畴，即认为一切现象缘于真如法性。真如，也称如来藏。法界缘起理念来源于《华严经》，言真如具有佛性及法性，佛性产生一切众生，法性派生一切事物。创始人为法藏，与天台宗一样认为境空。即只有源生万物的本体是真的，其余都是空假的。

佛教"缘起"理论认为客观现象是空的、假的，法性本体才是真的。客观世界和主观世界、本体和现象又是圆融无碍，即实际上是无分界的，所以它仍属于客观唯心主义范畴。

智慧启示

缘起理论无论哪一种观点都是否认客观世界是真实存在的。除空宗外，其余各有宗的缘起说都以自拟的产生万物的实体，如真如、法界、心识等否认客观事物的真实存在，从而成为整个佛学思想的根本理论——空观思想的基础。

佛教又以缘起理论的不同观点而划分宗派，足见缘起理论在佛学中的重要地位。

第三章

佛家的修持心法

修持，是佛家超凡入圣、了断尘缘的手段。戒、定、慧是佛家修持的三个法宝，其中，戒是佛家的教规、佛家的道德规范；定即"止"，也就是静心、静虑，是佛家全神贯注的状态，只有这样，才能拂去心镜尘埃；慧，即开慧，是斩断烦恼障后的开悟。

佛家修持的目的是通过戒、定、慧三法，杜绝烦恼和贪妄产生的根源，从而达到空悲的菩提境界。

第一节　佛家超凡入圣的三法

戒、定、慧是佛家修持的三法，是由俗入佛的必修课程。

一、戒

（一）何谓"戒"

戒，是佛家修持的第一要义，指佛家的清规戒律，主要分五戒、八戒、十戒，目的在于"止人作恶"。

戒是佛家去俗入圣的第一关，也是排除贪著、渴求、欲障的第一步骤。

戒律关是佛家修持的难关，也是佛家考验信徒的试金石。就是说佛家任何一个信徒，任何一个宗派，都必须要苦其心志，遵行一定的戒律，否则不能被承认为信徒。佛家认为恪守一定的戒律有助于减少妄念，为进一步修持定慧奠定了基础。佛家早期的戒律十分严苛，如苦行僧以苦行消除往业带来的恶果，连佛家创始人释迦牟尼也曾经在尼连禅河岸进行过苦行。

经、律、论为佛家本要，戒律尤居其首，在佛家中具有重要地位。《西游记》中的猪悟能，取法名为八戒，表明"戒"在佛家是十分重要的。

戒，是佛家教规，也即佛家的道德规范，有声戒及菩萨戒之异，也有出家和在家戒的不同。大、小乘佛家的戒也有所区别。

（二）何谓五戒、八戒、十戒

五戒：戒虽有五戒、八戒及十戒之异，但出家僧尼，五戒是必持的，即：一戒不杀生、二戒不偷盗、三戒不邪淫、四戒不妄语、五戒不饮酒。五戒是出家僧尼和在家信徒终身必持之教规。

八戒：八戒是在家的男女居士应遵守的教规，除五戒外增加了"不着香花鬘，不香油涂身"，"不歌舞倡伎，不故往视听"，"不坐卧高广大床"，"不非时食"（午后不再吃饭）。"八戒"不是终身必持，多有时间性。

十戒：为初出家的沙弥及沙弥尼的教规。即在五戒及八戒（九戒）的基础上增加"不持金银宝物"（不得携带钱财）。

佛家持戒的重要性正如《大乘本生心地观经》所说："入佛法海，信为根本；渡生死河，戒为船筏。"

《佛遗教经》说："戒是正顺解脱之本，故名波罗提木叉。因依此戒，得生诸禅定，及灭苦智慧……是故比丘，当持净戒，勿令毁缺。若人能持净戒，是则能有善法；若无净戒，诸善功德皆不得生，是以当知，戒为第一安稳功德住处。"

二、定

（一）何谓"定"

定，指心定，即排除妄念，被认为是佛家去俗入圣的第二关。

佛家要断烦恼才能入菩提，要超生死才能达涅槃，因此必须去除杂念，才能心定。定，也即禅定，为禅所发展，禅宗发展了以静为背景的心性修禅方法。要旨为静虑淀念，所谓"一境静念为定"，再辅以安静和跏坐，则可逐渐做到定心沉念。

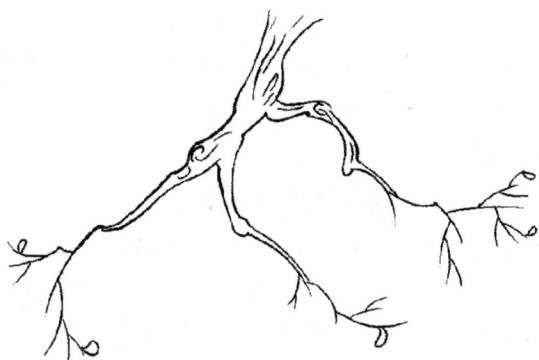

佛禅要超凡入圣

佛家"定"的要旨不仅在静，还在于排除妄念和贪求，属于洗心和净心的必要过程。这也是禅定和气功入静的不同之处，是佛家全神贯注的修持原则。

（二）怎样才能"定"

定，即静，包括身体姿势的静坐及心念静虑。佛家"定"的要旨在于重心定，即在超静的背景下专注心念，淀其心绪。

淀心的目的在滤念，即滤除一切邪念，去除心镜的尘埃，去染返真。如《坛经》说："心地无乱自性定。"也如鸠摩罗什译《佛遗教经》所说："汝等比丘，已能住戒，当制五根，勿令放逸，入于五欲。譬如牧牛之人，执杖视之，不令纵逸，犯人苗稼。……纵此心者，丧人善事，制之一处，无事不办。是故比丘，当勤精进，折伏汝心。"即言持戒制欲如牧牛，就是说，人的欲念如不加以控制，则如脱缰之马牛，只有牧之，不令纵欲，才能专一淀虑。邪念去除，心镜拂洁，才能直见净心。

定心的一个重要过程是空其"五蕴"——色、想、受、行、识（包括物相、思维、感受、意念、心识），苦其心志。

三、慧

（一）何谓"慧"

慧，即"知"，也即智慧，观慧，开慧。佛家的智慧是用来断烦恼障的。佛家认为一切烦恼，皆从慧断。

总之，佛家的"慧"与智不同。佛家的"慧"指对佛经无为空观的开悟，而智则指对有为事相的达理。故"慧"是佛家特有的认识论及世界观。梵语若那，译曰智。般若，译曰慧。决断曰智，简择曰慧，又知俗谛曰智，照真谛曰慧。正如《大乘义章》所说："照见名智，解了称慧，此二各别，知世谛者，名之为智。"

（二）怎样才能"慧"

佛家的智慧是以佛学的眼光看待社会，也即指佛家的世界观，不同于一般的科学头脑。慧，为超凡入圣的最后一关，也是最难的一关。

所谓智慧，即观慧，观心，目的在于杜绝烦恼和贪著妄念产生的根源。

持戒制欲如牧牛

见性成佛

悲空观是佛家的社会观及人生观，也是脱俗去尘的根本办法。佛家所谓开慧，即觉悟到客观世界的虚幻无常及主观世界的佛心本性，从而摆脱妄念渴求及生死烦恼。也只有开慧，证得涅槃（涅而不生，槃而不灭，不生不灭），才能由凡夫到佛果。

佛家的智慧在于"了悟"，即证得"心性空寂，无相无为"，也即以智慧的头脑看待客观世界，这是佛家特有的世界观，也称观慧、开慧。如佛陀所言"无一众生而不具有如来智慧，但以妄想颠倒执著，而不证得。若离妄想，一切智、自然智、无碍智，则得现前"即是。获得这个智慧才能开慧。

即一方面对客观世界要证得"无常"、"无相"，就是说要达到佛家的空观境界，对世界的一切"色、心、我、法"、"生、住、异、灭"、"成、住、坏、空"都要四大皆空，才能超度生死，断除烦恼，度入涅槃境界；另一方面还要"观心返照"，去除渴求、贪著，拂去心镜尘埃，才能"直指观心，见性成佛"。如是，本来相通的心性及外境才能圆融无碍而顿获自在。这就是佛家"慧"的最高之境。

智慧启示

戒、定、慧是佛家修持的三佛法。有戒才能进入佛门，有定才能生慧，产生了慧才能断除烦恼障，才能入佛心。

戒律虽然是宗教的清规戒律，但却有重要的社会意义，对安定社会、减少犯罪来说是一股不可低估的社会力量。佛家戒律对社会道德的重要影响，包括惩恶崇善的道德舆论等都是不可忽视的。

总之，戒、定、慧三者是互相联系，互为一体的，是佛家脱凡入圣的重要手段。定为慧之体，慧为定之用，最终目的是获得般若（智慧）。

第二节　佛家修持的玄机及启示

一、佛家"身心解脱"的启示

佛家修持的优势在于重心理调整，能够断离产生烦恼的土壤，杜绝蘖生妄念的根源业障，从而达到身心解脱。因为佛家重心理修持，而生理是受心理支配的，因此，生理上往往获得异乎寻常的效应。

由于佛家能超脱生死、善恶、美丑、恩怨……把世上的一切置之度外，无缚于境相，不受尘染，不生妄念，因此，能达到自心的大解脱，而度到彼岸。否则，如果执著于外相，被境色（物质）所缚，心镜被尘染蒙蔽，则必陷于苦海。心执迷不悟，桎梏于欲念之中，被烦恼所蔽障，则何谈生理解脱？

佛家超心理学的深层次的心理修持，是宗教修持的优势，能达到心理释缚，是心理桎梏的大解救。如此，心理获得超脱之后，一切妄念邪欲自然消退，受心理压抑的生理功能必然复苏，这就是心理对生理的起抑。

人体的生理是受心理支配的，心理起着主导的作用。因此，任何一种养生方法都应该在心理先导的基础上进行，只有加强心理精神的修炼，把心理修炼调整到最佳状态，才能刺激生理功能的恢复。一个大脑塞满了私欲的人是不可能有效地发挥生理功能的。因此，养生首先要进行灵魂深处的修省，否则，不去除各种障碍，是不可能调整身体的。这也正是佛教"身心解脱"修持的启示意义之所在。

二、佛家"入我我入"的启示

佛禅观修时，通过手结印契、口诵真言及观想达到与诸佛感召的目的。

各种手印通过十指从不同的方向和已成就诸佛的神力接通，以获得诸佛三身（法、报、化身）的"加持"神助，此即所谓"身密"。口诵真言，发出对诸佛虔诚的千呼万唤的心声，如每日默念一万遍阿弥陀佛，则诸佛的业力逐渐回归于修持的弟子，似有万佛在身边。

如与诸佛同存，觉信仰倍增，而感觉到渐渐从自心中升起一轮明月，月中映出一朵莲花，莲花中的本尊（佛）就是自己，外界的本尊和自心的本尊逐渐融一，即所谓"入我我入"。此时虽未调呼吸而呼吸自调，不定念而妄念自息。佛禅比喻"入我我入"如波与水，水成波，波连水，水波融一，相助无碍。

因此，佛学的修持，由于得到佛力的加持而速证，并起到了类气功态的效应。这就是佛学修持借助外业力引起内业力变化的优势。

修持

三、佛家"即身成佛"的启示

佛经强调"一切众生皆成佛"。佛家无论禅宗或密宗都笃信自心即是佛心，禅宗信仰"直指人心，见性成佛"，密宗突出"即身成佛"，都是认为人人皆具有佛性，佛就在自己心中，不能成佛，只不过是被尘埃遮染之故。

佛家修持时，非常注重自身，笃信佛性就在自己心中，自己就是本尊，自身便可成佛。藏密三密之一的意密，观想时从心中升起的本尊便是自己，此时顿觉霞光万丈，佛性显现，则自己犹如置身于诸佛之中，而感身轻神往，如腾云驾雾，此时呼吸吐纳自如，是不练功而功自出。

"即身成佛"的启示是必须要相信自我，要相信特异功能并非特异，特异功能人人皆有，只不过退化了而已，就像佛家相信自己就是佛，佛性就在自心中一样。如是，方能充分发挥自己的潜能，相信自我，发掘自我，才能最大限度地成就自己。

智慧启示 ··

佛家的修持不仅仅是一种个人行为，更重要的目的是普度众生。因此佛家在修持时必须入世，在入世中修出世，这样才能最终修成正果。

第四章

佛禅入门奥秘

　　佛禅博大精深，蕴含的知识浩如烟海，具有宗教、文化、哲学三融一的特点。本章将从一些简单的、对了解佛禅来说必知的问题入手，管窥佛禅，目的在于让读者触摸佛禅，从而找到打开这扇门的钥匙。

第一节　二十一个佛禅常识

一、何谓涅槃

　　涅槃为"灭"之义，灭即度也。度什么？度生死因果，此乃修佛的最终目的。《大乘义章》曰："外国涅槃此翻名灭。灭烦恼故灭生死故名之为灭，离众相故大寂静故，亦名为灭。"即言涅槃境界为人的智慧的圆满。也就是超脱、解脱，也是熄灭，指众生经修持后熄灭了人的贪欲，摆脱了痛苦，去除了烦恼障后的空无境界。

　　涅槃即生死，就是说佛家修炼要达到超脱生死，才能解脱痛苦，才能进入涅槃境界。

　　涅槃分为有余涅槃及无余涅槃两种。有余涅槃经过修持已经铲除了贪欲妄念，排除了烦恼障碍，即已经灭绝了生死之因，超度了生死；无余涅槃则不但灭去了自己的形体，而且灭去了思维智慧，一切都消灭了，来世不再受生，人生所有的痛苦都告结束，达到了彻底的乐果。

二、何谓课诵

课诵是佛教寺院每日定时进行的念持经咒、礼拜三宝及梵呗歌赞等法事活动，此外还包括忏悔及施食等内容。方式主要包括念诵及默想，主要在晨时及暮时进行。因为祈望借由课诵获得功德，因此又称为功课。

三、何谓活佛转世

活佛指藏传佛教中修行成佛的僧人。藏传佛教徒笃信活佛圆寂后会转胎，被转胎的人就被称为活佛转世。

佛教认为众生有过去、现在及未来三世，所以，藏传佛教的转世活佛一般是根据活佛圆寂前的遗言去找灵童候选人，最后由高级政府及高级佛教机构于拉萨大昭寺"金瓶掣签"而定。众所周知的有达赖、班禅转世活佛，他们是藏传佛教的最高活佛。

四、何谓六道轮回

六道轮回体现了佛教的果报轮回。六道即天、人、阿修罗（斗神）、地狱、饿鬼、畜牲六种。众生死后转生于其中的哪一种，取决于生前的善恶，即善有善报，恶有恶报，不是不报，转生可到。

五、何谓因果报应

佛教认为一切皆"因缘"，因善果善，因恶果恶，善因必然善果，恶因必然恶果，这就是因果报应。

六、著名禅宗经典有哪些

人们熟知的禅宗经典有《心经》、《坛经》、《金刚经》等。

《心经》是大乘佛教的主要经典，也是最短的一部佛经，全文只有260个字。中国流行的是玄奘的译本，主要观点是"色即是空，空即是色"。

《坛经》又称《六祖坛经》，是禅宗的主要经典，主要是六祖慧能的语录，主要思想是在不刻意追求觉悟的状态下觉悟成佛，也即明心见性，顿入菩提佛境。《坛经》的特点是"自心即佛"，这也是中国禅的特点。

《金刚经》即《金刚顶经》，以修得菩提心而成正果为宗旨，通篇讨论的是空的智慧。通行的译本有鸠摩罗什和玄奘两个。

七、何谓菩提

菩提，梵文 Bodhi，即"觉悟"。

斩断一切烦恼才能进入菩提境界，无烦恼也就无菩提，所以有"烦恼即菩提"之说。佛教的宗旨就是超脱一切烦恼，进入菩提境界。

八、何谓观心

佛教认为人生悲苦，要解脱苦难，必须从内心自修，正如《大乘心地观经》所说："三界之中，以心为主，能观心者，究竟解脱，不能观者，永处缠缚。"

观心即觉察观心，就是通过一系列心理活动获得觉悟（证得涅槃）。观心包括唯识观（二取空观心）、真如观（实相观心）及无念行（觉察观心）三个环节，其中以无念行最为重要。所谓无念行并非无念，而是以正念（善念）排除杂念，尤其是恶念，用佛家的话说就是要"破染为净"。也就是要净化心态，对于过去的事要已了即了矣，不能再缠心；也就是要断烦恼障，破妄念，戒邪欲，从而达到"无念"。

九、佛家为何念"南无阿弥陀佛"

"南无"是致敬之意，"阿弥陀佛"是西方极乐世界的教主，是往生西方极乐净土的接引佛，也是中国净土宗的佛尊。"南无阿弥陀佛"全句意为向阿弥陀佛致敬。众生不断念诵"南无阿弥陀佛"，便可斩断生死轮回，得到阿弥陀佛的接引，往生西方极乐境界。

十、佛诞节是哪天

佛诞节是纪念和庆祝佛祖释迦牟尼诞生的日子，北传教在阴历四月八日，南传教在阴历四月十五日。

佛祖与牧羊女

佛诞节这天，各地寺院都举行浴佛仪式，举行拜佛像、诵经、烧香、献花、献果、施粥、演戏、绕佛、五体投地拜佛等活动，十分热闹。

十一、腊八粥在什么日子吃

腊八粥是汉传佛教在释迦牟尼佛成道的农历十二月初八这一天举行庆祝活动时所施之粥，主要为了纪念佛祖苦修时因饥饿晕倒在河畔，被一牧牛女喂以乳糜救醒的功德。

十二、莲花在佛教中的意义是什么

洁白的莲花在佛教中有三个象征意义：一象征十种善法；二含苞的莲花象征人的心，故又称心莲，包含菩提心；三开放的莲花象征观音菩萨，代表观音菩萨以大悲开启众生的心莲。

十三、木鱼象征什么

木鱼是佛教徒诵经及礼佛时用的法器。之所以选用鱼形，是因为鱼昼夜惊醒，因而以之来象征警醒。

十四、禅是什么

禅，梵文 Dhydna，即禅那，译为"静虑"，"思维修"，最早源于印度小乘佛教的"瑜伽"。

禅是印度佛教的一种修持方法，又称禅定。禅的修持，包括戒、定、慧三个内容，是一种较高层次的佛教修持方法，目的在于达到禅境，即佛教的涅槃菩提境界。

十五、什么是坐禅

修禅虽然在日常住行中皆可入禅，但真正要达到禅的最高境，则必须"坐禅"。释迦牟尼之所以最终成佛，是因为下了狠心在菩提树下发誓不入菩提不起坐的，因此修禅要坚持"坐禅"。

莲花

何谓坐禅？对于一切善恶境界，心念不起名为坐，内见自性不动名为禅。也就是说，坐禅虽然要有一定的形体姿态作辅助以约束其行，但淀沉其心才是最重要的，因此要做到禅定。

所谓禅定，一心考物为禅，一境静念为定。如《慧苑音义》曰："禅那，此云静虑，谓静心思虑也。"又，禅定即定心，定心如牧牛。如《佛遗教经》曰："譬如牧牛之人，执杖视之，不令纵逸，犯人苗稼。"必须做到像《坛经》说的那样："外离相名禅，内不乱为定……若见诸境心不乱者，是真定也。"

坐禅的形式是打坐，即双足跏坐，也就是足加于上之坐法。双足皆盘加于上为全跏，单足加为半跏，表示修禅时之虔诚端庄和严肃。坐禅时端坐姿态，调息调心，必须达到视而不见、听而不乱的程度。这个从修禅到入禅的过程实际上就是佛家通行的戒、定、慧的过程。

十六、禅的主要理论是什么

禅的主要理论观点是"人人皆有佛性"和"直指人心，见性成佛"。禅认为人的心本来是善良的，主要是被邪恶妄念所覆盖，去除妄念便可直见佛心；并认为人的佛心本来与佛境真如是相融无碍的，只是被邪念障隔而已，去除妄念便可圆融无碍。

十七、禅宗是什么

禅宗是中国佛教的一个主要宗派的名称，是印度佛教中国化的特产，也是中国佛教的代表宗派。起源于东汉，发展于梁晋，大盛于唐宋，于元明开始衰落，其主要修持方法为印度禅的戒、定、慧。

禅宗的修持在印度禅那的基础上做了重要的发展，已经由禅那的"净"升华为禅宗的"悟"，由虚空无妄拔高为物我融一，这是禅宗境界和禅那境界的不同。禅宗从印度菩提达摩后开始传宗接代，自五祖弘忍之后，由神秀及六祖慧能两大弟子分别形成南、北二禅宗，以后南禅又形成五宗七派。

禅宗的主要思想以大乘佛教、般若为主体，崇奉《金刚经》及《楞伽经》，代表著作为《坛经》，也是禅宗的主要理论。《景德传灯录》和《五灯会元》则是禅宗的主要历史及传教记载。此外，如《指月录》、《百丈语录》等许多禅宗语录，都是禅宗的宝贵文献。

弥勒佛

十八、中国禅宗有什么特点

中国禅宗是佛教中国化的特产，也是中国佛教的代表宗派，是中国佛教中最有影响的派别。

中国禅宗的特点是"不立文字，见性成佛"，主要宗典是《坛经》《金刚经》。

禅宗认为只执著于坐禅，不能成佛。理由是佛性时时刻刻都在自己的心中。

南禅和北禅，是唐宋时期禅宗的两支主干。北禅以神秀为首，中心势力在长安——洛阳；南禅以六祖慧能为宗，主要活跃在南方民间。南、北禅的根本区别在于南禅强调顿悟，北禅突出渐悟。

中国禅宗的主要学术思想是空观，六祖慧能是更彻底的空观。

中国禅宗大兴于唐代，扛鼎于宋代，并以自己灵活简易的特点对恪守经律的宋明理学提出了挑战，客观上刺激了宋明心学的发展，并随着宋明理学的禅化而在宋代达到了巅峰。

十九、何谓戒、定、慧

戒、定、慧是由凡入圣的三关。

戒即通过一定的法规，诸如五戒、八戒，去除贪著和妄欲障。

定，即专注超静，淀其心绪，把一切杂念邪欲滤除，拂去心镜之尘埃，达到开慧的目的。

慧，即开慧、观慧，是由凡入圣的最后一关，即顿悟世界的"无常"、"无我"，把自我融入彼岸涅槃世界，把自心和彼岸佛境相圆融，从而超脱一切痛苦，获得大自由、大自在。

二十、佛家修心的三大宗旨

佛家无论何宗何派的心性修持，其宗旨无非以下三点。

第一，静能生慧。

佛家修心最重视静，因为静能生慧。

第二，断妄念。

佛家认为断妄念才能除烦恼，也才能拂去心镜尘埃。正所谓"众生皆具佛心"，只要坚信自心是善良的，洗去尘染就可直见本心。

第三，重大自心。

佛家万分重视自己的心性，并以自己的心识为主（即"唯识"），认为这样才能看空客观世界的一切，这叫"观慧"，从而超度生死（"觉悟"）。

二十一、世界三大宗教是什么

佛教、伊斯兰教和基督教并称为世界三大宗教。

伊斯兰教起源于阿拉伯半岛的麦加城，创始于穆罕默德（570—632）。该教奉《古兰经》为教典，信仰"安拉"（也译为真主、胡达）为超越一切的至上神，并认为"安拉"是世界万物的造世主，信徒称为穆斯林。

基督教，发源于巴勒斯坦，创始人为耶稣（1世纪），是西方的主要宗教，信徒遍及全世界，拥有十亿信徒，信奉《圣经》和上帝，对西方文化、思想、信仰影响十分巨大。

智慧启示 ⋯⋯⋯⋯⋯⋯⋯⋯⋯⋯⋯⋯⋯⋯⋯⋯⋯⋯⋯⋯⋯⋯⋯⋯⋯⋯⋯⋯⋯⋯

了解了一些简单的佛教基本知识后，我们对浩如烟海的佛教知识便不再无处着手。有了这些知识奠基，假以时日，读者便可以层层剥茧抽丝，逐渐深入认识和了解博大精深的佛教及佛学。

第二节　关于中国禅的两个玄机

一、佛教为何能在中国立足

佛教之所以能在中国立住脚，是因为其哲学思想"空"与道家思想之"无"相近，其中道观及伦理道德大慈大悲与儒家的中庸之道、仁义之德相通。所以佛教传入中国后，很快和中国儒家和道家部分思想相融，最终发展为中国禅。

达摩祖师

（一）佛教在中国

1. 佛教西汉末年传入中国

佛教产生于公元前 6 世纪的印度，公元前 3 世纪孔雀王朝的阿育王将其定为国教，从此逐渐传播到印度西北地区、大夏、安息，并沿着丝绸之路向西域各国流传。据《大唐西域记》、《洛阳伽蓝记》、《魏书·西域传》的记载，西汉末年佛教从西域各国传到了中国于阗、龟兹、疏勒、莎车、高昌等地区。

据《三国志·魏志·东夷传》注引称，"昔汉哀帝元寿元年（公元前 2 年），博士弟子景卢受大月氏使伊存口授浮屠经"。大月氏是西域佛教盛行之地，口授佛经又是佛教的传统做法和我国早期翻译佛经的通行办法，因此，大多数学者认为这是佛教传入中国内地的可信记载。

而根据《后汉书》记载，汉明帝永平七年，即公元 64 年，明帝派遣使者十二人前往西域访求佛法，公元 67 年他们同两位印度僧人迦叶摩腾和竺法兰回到洛阳，带回经书和佛像，开始翻译了一部分佛经，相传就是现存的《四十二章经》，也就是《阿含经》的节要译本；同时建造了中国第一个佛教寺院，就是今天还存在的白马寺。根据这个记载来看，佛教传入中国虽不始于汉明帝，但佛教作为一个宗教，得到政府的承认和崇信，在中国初步建立了它的基础和规模，可以说是始于汉明帝年代。

2. 佛教在魏晋大发展的原因

佛教之所以在魏晋南北朝时期，在中国得到了迅速的传播，是因为魏晋南北朝处于战乱时期，人民精神空虚，玄学大兴，佛教因此乘虚而入。佛教的"空"和老庄的"虚"一拍即合，前者寄望于来世，后者超脱于人间，一个是四大皆空，一个是有生于无，于是在空观、无为的影响下，佛教迅速渗透于中国民间，获得了大发展。

魏晋时期，是佛教与儒易由碰撞、矛盾到佛教妥协、儒学化、中国化的时期，也是佛教能在中国立住脚的重要时期。慧远大师把儒家的忠孝伦理观引入佛教，使佛教渗入了忠孝观念，并且纳入了儒家的宗法思想，建立了佛教宗嗣制度。尤其佛僧屈从了儒家的君王高于一切的至高无上的礼节，与儒家的尊君同步，这样，佛教彻底儒化、彻底中国化，从而真正融入了中国文化的洪流之中。

3. 佛教在唐朝达到了鼎盛

唐代李世民父子为抬高门第而比附李耳，故特尊崇道教，而武则天为与李氏皇权抗衡则力举佛教。由于各抱不同的政治目的，而大兴宗教，佛教因此得到了经济及地位的保障。唐太宗贞观盛世为宗教的兴盛创造了条件；武则天曾皈依佛门，当政后大修佛寺；而到了唐玄宗时扩大外交，广泛输入东、西域诸国文化，佛经也因此大举进入中原，佛教的发展被推到了鼎盛阶段。

4. 宋明时期禅宗大盛

佛教真正深入人心是在宋明时期，佛教禅宗与程朱儒易相融一后，佛教得到了中国思想学术界的认可，佛教高度儒化后才真正在中国站稳脚跟。

（二）儒易为何能容忍外传佛教

佛教一经传入中国就与代表中国正统文化的儒易发生了尖锐的矛盾，主要反映在世界观、人生观及伦理观的鲜明对立。对此，佛教分别进行了调和，从而使儒易从对佛教最初的抵制，到逐渐接受，进而相互融一。

1. 佛教调解有神论与儒易无神论的矛盾

信神与不信神是佛教与儒易的根本矛盾，也是二者唯心主义世界观与唯物主义世界观的根本区别。

儒易不信神，尊重客观，强调观象取义，认为生命产生于天地阴阳气化，宇宙本体是太极绸缊之体，主张自立，主张人皆为尧舜，自己完全可以解除痛苦。佛教则笃信佛就是神，求佛可以帮助解除苦难。于是有神论与无神论尖锐对立，这是佛教最初受到儒易抵制的主要缘由之一。为了缓和这一矛盾，佛教以震惊民间的六道轮回、因果报应来取代灵魂神论，从而使佛教终于站稳了脚跟。

尤其佛教把灵魂轮回与因果报应相结合，起到了与儒易善恶因果报应相同步的作用。善恶因果报应早在《周易》中即已强调，如《周易·坤卦·文言》说"积善之家必有余庆，积不善之家必有余殃"，但《周易》强调的善恶因果报应重在今世，因此《周易》突出"立人之道曰仁与义"，即注重今世必须行善，一生才有好报，把因果报应和积极的人生伦理相结合。儒家将其发展为宗族血缘的群体善恶报应，将个人的善恶报应社会化、群体化。而佛教则强调来世报应甚至三世报应及个体报应，使之与其出世观相应。尽管佛教的因果报应比儒易的善恶报应要消极得多，但毕竟二者抑恶扬善的目的是一致的，因此佛教突出三世轮回，因果报应，深得儒易人心，调和了佛教与儒易之间的矛盾。

2. 佛教调解出世与儒易入世之间的矛盾

佛教由于苦空观而逃遁现实，选择弃家修持来世，但是，佛教的离家出世是重孝道的儒易绝对不能接受的，因此这一观点首先遭到了儒家的坚决抵制。

为了调和这一矛盾，佛教采取了两种修持办法，即出家和居士，后者不离家，还可以结婚，于是缓和了一部分佛教出世观与儒易入世观的矛盾。

3. 佛教调解佛高于一切与儒易严格的宗族王权及忠孝伦理纲常之间的矛盾

佛教强调出了家的众生是无等级的，而这与儒易伦理观是严重对立的。传统佛教是教高于政，和尚见了皇帝不磕头，这当然受到了皇权高于一切的封建等级制度的严厉抨击。因为儒易最强调宗族、君臣等级以及相应的忠孝仁义伦理，因此不能容忍佛教不讲忠孝。

为了调和这一矛盾，佛教内部也采取了严格的法嗣制度，师徒之间也如父子有忠孝的观念，并把因果报应和儒家的忠孝仁爱相结合。正是由于佛教纳入了儒家的伦理，从而缓和与儒易之间的这一矛盾。

佛教原有的慈悲与儒家的诚爱相一致，也对佛教与儒家之间矛盾的缓解起到了积极作用。

总之，正是因为佛教处处迁就中国的国情和儒易道德观、哲学观、人生观，所以使得儒易容忍了佛教这一外传宗教，从而使佛教在中华大地上发展起来。

二、禅宗为何能在中国大盛

（一）禅宗的大起大落

禅宗是中国佛教中流传最广的一个宗派，源于佛教禅定，以大乘佛教《瑜伽师地论》为宗，后以《金刚经》为主要修持经典。

从"如来拈花，迦叶微笑"开始，禅宗便缘起了。中国禅宗自梁代南天竺菩提达摩开创于嵩山少林寺，当时主张《楞伽经》，后传于慧可、僧璨、道信、五祖弘忍，皆以《金刚经》为尊。唐代慧能以对空观的彻悟而获六祖衣钵，后创立教外别传，不立文字，直取心性，倡顿悟而不专坐禅，生活中便是禅的修持方法，而获得民间的欢迎，从此禅宗大兴。

弘忍高足神秀以渐悟为主，极受朝廷重视，和弟子寂普一起被称为北禅。慧能弟子神会北上，并竭力宣传慧能才是禅宗的正统，北宗只是旁系。

少林武僧

安史之乱中，郭子仪奉旨用佛门声望为朝廷收得重要军需，为平定内乱立了功，南禅因此被唐肃宗尊崇，从而为南宗争取正统地位创造了条件。从此南禅大兴，法嗣不断，南禅顿悟之法声望日高。继之"五家七宗"相继而起，禅宗发展盛况空前。

北南两禅虽斗争日久，但最能代表禅宗的还是高举慧能六祖旗帜，提倡教外别传，"直指人心，不立文字"的南禅各宗，尤其以曹溪门下的洪州宗和石头宗影响最大。所谓"天下凡言禅，皆本曹溪"。

禅宗直至慧能圆寂一百年后盛况还不减当年，原因在于禅宗推广简易禅，即心即是禅，可以不念经，不拜佛，不立文字，修持自性，自身即佛，从而深得中下阶层人士的欢迎。

但是，由于禅宗把佛学简单化、庸俗化，并且过分夸大实践，否定理论，盛极必衰，物极必反，最终走向了反面，逐渐衰落下去。

（二）禅宗为何在魏晋时期大盛

禅宗和魏晋玄学的关系，远远密切于与儒学的关系。如果说禅学与儒学的关系是从碰撞冲突到排斥抵制，再到融合统一的"三部曲"变化，那么禅学与魏晋玄学的关系则是一拍即合。禅宗之所以在魏晋时期得到大发展，原因就在于有魏晋玄学这一土壤。

禅宗与魏晋玄学融一有三个原因。

第一，禅宗与魏晋玄学皆"重本轻末"。

禅宗和魏晋玄学皆注重本体论的探讨。虽然禅宗重视心本体论，认为佛在自心，属主观唯心主义的本体论，而魏晋玄学的道本体论主张万物派生于道，属客观唯心主义的本体论；但二者皆为重本轻末，即皆注重玄远的本体而轻实在的现实。并且，禅家的谈"心性"和玄学家的说"道体"都属唯心哲学，因此魏晋玄学为禅宗的发展提供了适宜的土壤气候。

第二，禅宗的"空有"之争和老庄的"有无"之辩思想基础一致。

禅宗讲"自性空"和"缘起有"，即指事物的本性是空的，"有"也是因缘而有，离缘即空，所以"有"也无非假有，因此其"空有"之争是建立在"空"基础上之争。而老庄道家的"有无"之辩，强调"有生于无"，其实质仍然是"无"。因此，禅宗的"空"与"有"和老庄的"有"与"无"，立足点皆不离一"虚"字，足见二者思想基础的吻合，从而也为禅学的立足创造了条件。

第三，禅家与魏晋玄学家厌世观的一致。

禅家的出世与魏晋玄学家的隐居，都是源于对现实生活的厌恶而作出的选择。二者对现实的厌恶，除了因为对现实政治的不满之外，还由于对世界观的虚空认识。世界的本源是虚无的，现实生活自然也非实有，因此也就完全可以超越，完全应该解脱。从这一点看，足见禅家的出世与玄学家们的隐居是同出一辙的。

综上所述，禅宗在魏晋时期得到大发展是因为有其社会基础，而其社会基础又在于有共同的思想根源，因此禅宗和玄学能很快融一。

（三）禅宗为何在宋明未被排斥

禅宗在唐代即已开始大盛，进入宋代后，禅宗以其新兴和活跃的教化方法对恪守诸经的儒学产生了冲击。宋明儒学吸收了禅宗的精华，发展成为以程朱理学为代表的宋明新儒学。

第一，禅宗的心性论刺激了宋儒本体论的探索。

禅宗的心性论虽然属主观唯心主义的范畴，但其对本体论的重视以及思辨性对正在深入探讨本体论的宋明儒学必然产生影响。宋代理学虽然没有把本体论转向于心性，但借鉴了禅宗重本体的思辨性发展理本体，使朱熹理本体达到了空前的深入；而王陆心学则直接吸取禅宗心性论的理论，对心本体作了高度的发展，在禅宗重本体的影响下，把儒学本体论的研究推到了高峰，使儒学本体论的发展达到了前所未有的高度。

第二，禅宗灵活的教化方法使宋代儒学空前活跃。

在宋代，由于儒学守经的刻板，学术空气趋于僵化，而禅宗不立文字、直取人心、顿悟棒喝的教风，震惊了宋儒的士大夫们，无形中激活了宋儒的思维方法，对宋明儒学产生了影响，使宋代儒学思想的发展达到了空前的活跃。

第三，开创了正统儒学与外界文化相融的新纪元。

禅宗的闯入，为宋明儒学带来了外界文化新空气，对新儒学的产生起到了积极的推动作用。在宋代这一历史时期，由于佛学与儒学的撞碰，一方面禅学被强大的儒学同化而发生禅儒化，另一方面则是儒学吸取了佛禅的精华而儒禅化，二者的交融，开创了中外文化圈合辉的新纪元。

综上所述，正是因为禅宗对儒学的影响，使其在宋明未被排斥，而继续流传发展下去。

禅家的学问

智慧启示 ···

一种外来文化或宗教传入另一国家后，要么被接受，要么被排斥。被接受的自然要与当地文化相融合，佛教在中国的发展历程也不例外。佛教自印度传入中国后，经过长期传播和发展，最终形成有中国特色的中国佛教，禅宗则是中国佛教最典型的代表。

第三节　神秘的藏密

佛教分为显教及密教两大派，藏密是以密教为主的佛教，盛行于我国藏、蒙等地。

印密是藏密的主要修持手法。咒密是密宗的著名修持手段。神奇的心密三观是密宗证得菩提心的主要修持心法。尤其神奇的藏密三脉七轮观是藏密观修成佛的特点。

藏密对西藏的文化和宗教信仰产生了深刻的影响。

密宗为大日如来所创建，又分为无著系的"金刚界系"及龙树系的"胎藏界系"。藏密属金刚乘派。藏密是藏传佛教，是密宗的主要流派，有着独特的修持方法。但无论佛教的哪一派修持，都以心性修持为第一要旨。

一、印密

印密，指手印，又称为印契。印，有庄严的征象，如国王的印玺。契，如契约。印契是众僧向诸佛虔诚誓约之意。

手印是密宗三密修持法的重要组成部分，由两手的十个指头组成各种结契，是为佛家修持的各种征象。

手指秘名：两手称之为满月。双臂称为两翼。十指则称为十度，亦称为十轮、十峰。右手名般若，亦名观、慧、智等；左手名三昧，亦名止、定、福等。十度号，从左小指起以次数之上，即施戒忍进定；从右小指起以次数之上，即慧方愿力智。五轮密号亦然，从左右小指起，次第向上数之，即地水火风空也。如图：

捕罪　　大乐　　法轮　　降三世

净业　　召罪　　大欲　　莲华三昧耶

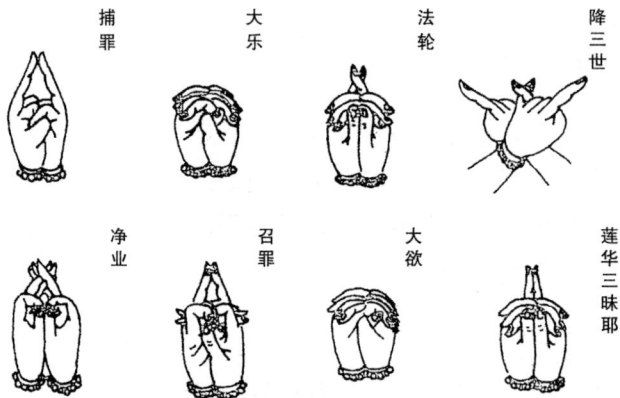

手印结契图示

在佛家修持中，十根手指的每一个指头都有一定的象征，佛家称之为"十度"。其中，左手从小指到大指分别表示施、戒、忍、进、定五度，右手从小指到大指分别表示智、力、愿、方便、慧五度，又从小指到大指，依次表示地、水、火、风、空"五大"。如《摄无碍大悲心大陀罗尼经三摩耶标帜曼荅罗仪轨》说："小指名地，无名为水，中指为火，食指为风，大指为空。"两手十指按十度、五大的关系相配合，交叉，钩曲，伸直，组成各种印契，表示各种心愿。

密宗的"手印结契"与道家的"捻诀"意义相同。佛、道教皆认为十指如灯，既能与内体相照，又能与外界相通应。因此，佛家以十指结成各种契印，通过十个方向、十条通道与诸佛菩萨相感召，从而速证发菩提心。

手印还必须与打坐的姿势相配合，不同的姿势，采用不同的手印。常用的为弥陀定印、金刚合掌印、妙音天印、莲花合掌印、佛部三昧耶印及大梵天王印等。

上述各种印密须和口密及心密相配合，方能感召外界诸佛与自身内佛相融一，共证得大圆满的境界。

二、咒密

（一）观世音菩萨大明咒

观世音菩萨大明咒共六个字：唵、嘛、呢、叭、弥、吽。

译文：

金刚合掌印　大虚空几印　智拳印　外缚印　宝鱼络印

披甲护身印　金刚撅印　与愿印　金刚炎印

醉除结巢印　法界定印　拍掌印　小金刚轮印

金刚纲印　皆供养印　莲花部三昧耶印　弥陀定印

大三昧耶印　大金刚轮印　金刚捻印　火天印

转法轮印　金刚起印　阵三世印　内绪印

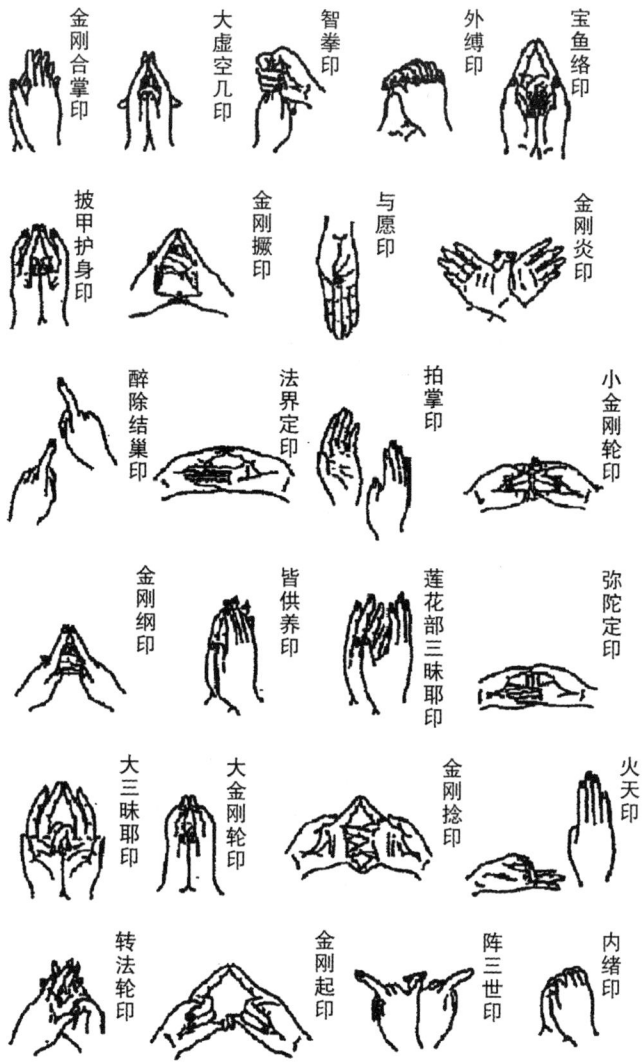

佛教手印图示（一）

大梵天王印

金翅鸟王印

外五股印

施无畏印

妙音天印

佛部三昧耶印

金刚撞菩萨印

饰鹰印

莲花合掌

鹰醯首罗印

内五股印

金刚部三昧耶印

多闻天印

发遗印

小三股印

佛教手印图示（二）

皈依观世音菩萨！

愿仗您的大力加持，

使我本具与您一样的清静无染，

随意变现的自性功德速疾显现，

随意达到我要达到的目的。

（二）神奇的"真言（口密）咒"

咒密是密宗三秘修持法之一——声密，也即口密，又称为真言。咒语起源甚早，远在印度婆罗门教便已开始流行，即便是显教也信仰咒语，而且都秘而不宣。咒语盛行于佛教的密教。在密教中，各宗皆有自己的密咒，而且教外不传。修持密咒的主要目的在于以咒词进行祈祷，并借助菩萨、佛的无上威力与之感应，从而帮助超度凡圣关。

如著名的《心经》般若波罗密多咒：

揭谛、揭谛、波罗揭谛，

波罗僧揭谛，

菩提娑婆诃。

译文：

度去吧，度去吧，度到彼岸去吧，

快快度到彼岸去，

成就无上菩提啊。

佛家认为修持者虔诚笃信地念十万遍咒，即可与佛发生感应，而帮助超度。这一类咒，多盛行于显教，虽然不翻译，但咒词多为祈词，并不神秘。一般称为大神咒、大明咒、无上咒、无等等咒等。

三、神奇的心密三观

（一）本尊观

本尊即佛，常和观月轮、莲花及梵字（如阿字、吽字等）一起进行。如观想心中有月轮，月轮上有八叶莲花，花上有阿字或吽字，然后现出本尊（佛像）。

佛教的主要本尊为大日如来观：即先作法界定印，然后定息调息，"观自胸中有阿字，变为月轮，月轮上出现卍字，变为法界塔婆，法界塔婆变为

祈愿

大日如来，身相白色，戴五智宝冠，结跏趺坐，住大智拳印，背后有圆光，万德庄严，自如来顶上，放白色光明，遍照，次观坛上，亦有阿字，变为月轮，乃至放白色光明，照十方世界，我与坛上之本尊无二无别。"

这种观想能帮助消弭我与本尊之间的隔障，增强"一切众生悉可成佛"的信念，能速证发菩提心的佛果，故又称"入我我入观"。

（二）字轮观

字轮观就是对一些佛字进行观想。

1."唵"字观

"唵"（ ）为胎藏界之陀罗尼，《秘藏记本》记载其义有五：即一曰归命，二曰供养，三曰惊觉，四曰摄优，五曰三身。即观想此唵字渐之和外界已成诸佛相感应而获得供养，并惊醒自身之佛，摄优外神及法报化之三身。佛祖释迦牟尼就是观想净月轮中的唵字而修持的。

2."阿"字观

藏密主要观想"阿"字及"吽"字。"阿"字， 。密教真言宗尤其注重观"阿"字，认为"阿"字具有能成就一切义利的功德，并认为"阿"字具有七义：一菩提心，二法门，三无二，四法界，五法性，六自在，七法身。

修持三密时，口诵"阿"字，趺跏而坐，调息宁心后，渐观想自身中一轮明月升起，中有一八叶白莲花，台上有金色字光芒，然后口诵护身法三昧耶戒真言及发菩提心真言，手结定印。观阿字还可在出入息时观之，所谓观入息为不生，出息为不灭之意。佛家认为观"阿"字不仅可以速证成佛，还可以健身益寿，如《大日经·悉地出现品》曰："以阿字门作出入息，三时思惟，行者尔时能持寿命。"

出现"阿"字时，应渐与之相融无二，从而进入佛境。此法的长处在于易于修持，可以速证密宗的"即身成佛"，即证得自己即是大日如来佛。

吽字， ，音读 hong，佛家认为有无尽的含义，具一切万法。佛教的"吽"字常和"阿"字及"唵"字一起被念诵或被观想，称为"三字观"，以求早发菩提心。

（三）数息观

数息观，是藏密修持的一个主要内容，包括数气息、观气点、观气色三个内容。

1. 佛家怎样数"气息"？

藏密数息的目的是为了助定。藏密在修持结跏趺坐的过程中，以数息助定。数息首先呈跏趺坐式，即盘腿而坐，两足掌向上，双手十指叠成各种契印，腰直肩张，头倾视低，双目微闭，舌抵上颚；然后数出息（数呼）或数入息（数吸），此即守息定心。

藏密认为一昼夜有二万一千六百次息，一分钟约十五次（十五个呼吸回合），比一般人稍慢（十六至十八次／分）。如《密宗道次第广论》说："诸息调和者，就三脉门一日夜有二万一千六百次息。"

在默数气息的过程中，开始数出息则终亦数出息，开始数入息则终亦数入息，逐渐调息，让呼吸变深放慢，使气出入徐徐延长；在每天清晨观数一千遍，或从一数至十，再返还数一，或连续数下去皆可，甚至二万一千六百次，天长日久，功效自见。

2. 佛家怎样"观气色"？

在数气息过程中，观气色出入，由面前五尺经鼻纳入逐渐贯喉下注心胸，过脐入腹中，下抵会阴，遍及全身，然后复入心胸，经鼻吐出；出入之气逐渐观想，呈现红、黄、蓝、白、绿五色气流；呈现五色气流后，气息均衡舒缓，心净念空；渐入佛界。

3. 佛家如何"观气点"？

气点，指在观气出入时，于气流中呈现白色气点，可出现于眉间、鼻端或脐内，大小如芥子点大。凝视气点时，渐入无念无境，即身成佛的法界。

通过数气息、观气色、观气点，可以一念代万念而渐入佛界。

（四）藏密三脉七轮观

藏密以三脉七轮为人体主要修持部位，又称观脉、观气、观明点及观轮。

1. 观脉

观脉，梵语"那底"（nadis）。藏密认为人体共有七万二千脉，重要的为一百二十脉，最主要的为三脉，即气脉、水脉及血脉。水、血二脉皆起于百会，分别行于两耳际，穿过鼻孔，入喉和中脉伴行，于脐下和中脉会合。三脉以中脉居中，左、右二脉夹于两侧，皆于头顶经眉间循面部耳后沿人体中部经脐至阴部。其中以气脉为主，被称为中脉，又称生命之脉，运行于人体中部，上起百会，经眉间下至阴处，位于脊骨正中，又称为命脉，蓝色。左脉为水脉，又称阴脉，白色。右脉为血脉，又称阳脉，红色。气脉、水脉、血脉各为二万零四千条。

观修时，三脉相当于中医的任督脉，通过意念冥想，带动气血于其间周循和升降，从而达到气血贯通。

2. 观轮

观轮，梵语"柴克罗"（chakra）。轮是由中脉、左脉及右脉三脉交汇组成的轮状支脉，位于头顶的称为顶轮，位于眉间的称为眉间轮，位于喉的称为喉轮，此外还有心轮、脐轮、阴轮、海底轮，共七个脉轮，形如莲花，海底轮为四瓣，愈往上愈多，以至呈千瓣莲花状。其中顶轮三十二脉，喉轮十六脉，心轮八脉，脐轮六十四脉，共一百二十脉。此七轮以顶轮、心轮及脐轮三轮为重心，乃密宗无上瑜伽修炼时观想的重要部位，相当于道家修炼的三丹田。

天界诸成就佛神的感应在顶轮，地面诸神感应在底轮，二轮感召的业力，再汇聚于心轮，从心部升起一轮明月于顶轮，明月中显出一朵八叶莲花，上有"本尊"（佛），慢慢渐达佛是我，我是佛，"入我我入"的境界则修持成功。

3. 观气

气，梵语"普拉那"（prdn），译为人体的气。主要为五本气，其中，命根气起源于脐下三脉会合之处，为人体生命之根，色蓝，又名持命气。又命根气以五个方向循行灌注人体：上行气，上行至五宫，色紫，作用为影响人体发育；下行气，走行于下，支配人体的排泄功能，色橙；平行气，运行于肠胃，色绿，主要左右人体消化系统；遍行气，主要运行于心脏并灌注周身，色红，影响人体的运动功能。除五本气外还有各种支气，行于人体、头面、五官及人体各部，以支配人体的各项生理功能。

观气时，因为促进了各种内气的升降运行，从而可以起到协调运息、增强心密的作用。

4. 观明点

观明点，梵语"宾都"（bindu）。密宗无上瑜伽认为，人身体中的生命的凝点或精点是游行于脉中，尤其游行于中脉之内，能随意识支配而上、下移动的点圆状亮物，分为离戏明点、错乱明点及物明点。

离戏明点为诸佛所具，是法报化三身的本体。错乱明点为一般人所备，又分为不坏明点、咒明点及风明点三种。不坏明点为父母精卵结合时一刹那间所凝集的生命之点，为阿赖耶心识与命根气的凝集点，伴随人体终身不坏，故谓之不坏明点；是生命及心识（智慧）之本，住于中脉中，在观想时，可在中脉内升降移动于七个脉轮之间。观想时出现的咒明点及风明点，都可以随观想升降于脉内。

明点的作用在于它能与外在佛菩萨化生的明点相感撞而迸射出智慧火光。

5. 佛家"观修"的奥秘

观修时，脉轮中的明点逐渐明显、放大、色泽加深，明点的中间还有一个更明的点；明点亮度逐渐加大，点位逐渐固定，此时在修持中，表明已接近由"彻却"（直断）向"脱噶"（顿悟）的程度，到一定的时候，自身明点即能与诸佛明点相闪接，引来外界诸佛无量功德或顿悟自性佛力，皆可加速证得大圆满。

因此，自性明点（内明点）和诸佛明点（外明点）的接通，无论是内明点冲出与外明点相接，还是外明点进入与内明点相撞击，都属于高层次的"入我我入"，为证得"大圆满"功德的奥秘。

智慧启示

密宗主张众生依法修习"三密加持"，与佛的身、口、意三密相应，即身成佛。也就是说，密宗认为，修行者只要在身、口、意三个方面修炼得和佛祖一样，就成佛了。而藏密正是佛教密宗和西藏地区的本土宗教"苯教"结合的产物，虽然有不少神咒之类的内容，带有极强神秘色彩，但绝非玄虚，是正统大乘佛教的一部分。

【中篇】
中国禅的奥秘及智慧

中国禅学是中国佛教中最有特色的佛法，是佛教中国化的一朵奇花。禅学从印度传入中国后，到六祖慧能达到顶峰。

禅在中国既是宗教，更是文化。禅的教育方法及思维对中国的艺术、文学、哲学都产生了深刻的影响。所以，研究中国文化不能不研究禅学。

禅的主要理论是"万法自性"。一切佛法皆在自心之中，这是中国禅的超越。中国禅高度强调自性，并提出"直指人心，见性成佛"，突出拂去心镜尘埃，重现人的本性（"自心"），这才是一尘不染的佛心。自心即是佛心，这是中国禅学修持的最高境界。

第 一 章

禅的奥秘

一、禅的含义

（一）禅的宗旨

禅，梵语 Dhydna，旧译为弃恶，思维修，新译为静虑，属于色界之定法，也为定心之法。如：《智度论》说"诸定功德都是思维修。禅，秦言思维修"。禅是中国佛教的主要佛法，也即是中国佛教有特色的修持方法。印度瑜伽亦属禅，禅宗包括于禅的范围之内。

印度菩提达摩把印度大、小乘禅传到了中国，后传授慧可，要旨为"直指人心，见性成佛"，大发展于六祖慧能，从此开创了有中国特色的中国禅。禅在中国经嫡庶之传约五家七派，禅风成为中国佛教的教风。

禅宗的主要理论为"万法在自性"。所谓自性即指自心，也即真如、佛性，是派生一切的世界本源，禅的宗旨在于"直指人心，见性成佛"。

（二）禅学文化

禅学为我国密宗佛学者所创，其所倡顿悟渐修后来成为禅宗的主要思想。

禅，既是中国佛学的宗教理论，也是一种文化。禅作为中国佛教的派别来说称之为禅宗，以佛性的修持方法而言则称为禅定，以文化角度而论又可视为禅学文化。禅宗作为中国佛教的代表宗派是佛教中国化的象征，因此，研究中国佛教，首先必须研究禅学理论。

（三）禅的要义

禅是一种自性（自心），存在于每一个众生，是显现本性的明镜。所以禅宗主张拂去心镜尘埃，方能显见万法（万物）。也即：人的本性（自心）是洁净不染的佛心，去除妄念浮云所显现的本心即是佛心。这就是禅宗"直指本心，见性成佛"的宗旨。

禅，术语，译为思维修、静虑，在印度最早属于瑜伽，禅的核心内容是由定生慧，即禅定，禅定是众生超度的途径。禅与禅宗不是一个概念，禅属佛教中的修持方法，禅宗则为印度佛教的中国化，或者说禅宗是中国佛教的代表。

禅宗是中国佛教中影响最大的佛教宗派，尤其以六祖慧能为代表的南禅是中国佛教中最有影响的教派。禅宗在中国共传为六祖，代表著作为《坛经》。

禅宗以衣钵接代相传，从印度菩提达摩（南禅自认为佛祖拈花迦叶微笑为第一祖者，达摩为第二祖）将佛教传入中国后，接承为二祖慧可，三祖僧璨，四祖道信，五祖弘忍，六祖慧能，慧能之下为马祖、石头。慧能弘扬的南宗（北宗为神秀）在中国南方以"不立文字、直指人心"为教魂，在中国逐渐形成了声势浩大的南禅，并成为中国佛教的代表。

禅宗全部奥义就在一个"心"字。心印相传，自性（心）即是佛，一切佛法皆在自性心中，"心"即自己的思想，因此，禅宗实际上是"心宗"，只要了悟自心便能了悟万法。故禅宗的实质是突出物我融一，通过心与万物的交融，达到最高禅界。这便是禅宗"教外别传、不立文字、直指人心、见性成佛"的全部内涵。

二、怎样修禅

（一）禅宗为何重视修禅

禅宗认为"真如佛性"是修持佛性的最高境界，"真如佛性"是彼岸世界，彼岸世界是宇宙的本体，并认为人心与万物相通融，当人心"自性"与外界"真如"相圆融无碍之时，即达最高禅界。

1. 修禅的目的

修禅的目的是要达到人格的圆满，如太虚法师说："人格的圆满，是要到佛才圆满……必须从完成普通人格中更发大菩提心，实行六度四摄普利有情的菩萨行，不断地发展向上，以至于成佛乃为圆满的人格……以完成宇宙人格最高峰的佛果。"

也即修禅成佛的目的是"明心见性","见性成佛"。所谓见性即悟出自性，就是说证得（悟出）人心即是佛性，这就是禅家奉仰的"见性成佛"。人人皆有佛性，经过禅修后，去除了一切尘染，见到了自己本来就存在的佛心。也即达到了自己的佛心（自性）与彼岸"真如"（佛境）相通的程度。也即所谓"开发自性"，"圆融无碍"。正如《传心法要》所说："性即是心，心即是佛，佛即是法。"

2. 修禅的最高境界

修禅旨在"直指人心，见性成佛"（《悟性论》）。《大般涅槃经》所言"一切众生皆有佛性，烦恼覆故，不能得见"，即言人心的本性（佛性）是人人皆有的，但已被烦恼欲念所蒙，去除烦恼邪欲的障碍才可见到佛心，此时佛性与佛境便能圆融无碍，人才可摆脱苦海达到彼岸真如的乐境。

（二）参禅的奥秘

1. 遁空之秘

参禅是由凡入圣的过程，突破入圣关的第一要旨即要掌握二谛。

什么是二谛？

二谛指真谛及俗谛。俗谛认为世界一切法相（一切事物）皆为实有，真谛则认为一切法相"无常"、"无我"，即认为外界万事万物都不是固定的、恒存的。

禅宗接受了般若性空的理论，即认为色、心、我、法皆空，万事万物皆无实体存在，是瞬生瞬灭的，人的一生，物件的一世，皆犹如闪电、雷雨、火光一样，是不停地在生、住、异、灭，不停地在成、住、坏、空的。

因此，万事万物是"无常"、"无我"的，这就是修禅遁空的第十要义。即所谓"心性空寂，无相无为"，也即"心生一切法生，心灭一切法灭"。万法无特定相，无相无性，无相无为，故心也应倒空一切妄念，才能入禅。

《禅的故事》中有这样一个故事。有一个修持者向一位法师问禅，而法师不言不语，一直往已经满了的杯子里倒水，杯子里的水顿时满溢而出。修持者很觉惊异，忙问何故。法师说，要学禅，首先要把心里的东西像杯子一样倒空，否则是悟不了禅的。修持者听了顿悟。

2. 观心之秘

何谓观心？

观心，指观心反照。所谓观心反照即是净心。即"身是菩提树，心如明镜台，时时勤拂拭，莫使惹尘埃"。

修禅

静修

佛家以心为宗，心，即禅心，所谓"佛语心为宗，无门为法门"，"无门为法门"，即言自性佛心与外界佛境其性本通无障碍。但未入圣前，心、境之间被尘染、邪欲、烦恼所设之障门所挡阻，如能以修禅心为宗，去除妄欲烦恼障碍所阻之门，使自性佛心与彼岸佛境（真如）相通无碍，则达到进入佛门的境界。这就是通过"观心"，达到心、境之间无门而成佛门之意。

禅家主张顿悟、渐修，即经过一段虔心的净心之后，刹那间豁然"了别"，豁然开了心窍，达到"直指自心，见性成佛"的程度。这就是禅的最高境界。

三、禅定与坐禅

（一）何谓禅定

禅即禅那，旧译为思维修，新译为静虑、定，静定为一境静念、离散动断妄为之义。定即破色界（物质）之迷障。

禅定的最终目的为进入禅境，即达到离欲界、断烦恼、破色障、净尘染而物我融一的境界。正如六祖慧能在《坛经》中所说："何名禅定？外离相为禅，内不乱为定。外若著相，内心即乱。外若离相，内即不乱……外禅内定，是为禅定。"

什么叫离相？离，即离开，不染。相，指事物的形状、形式。华严宗认为一切缘起之法必具六相（即总相、别相、同相、异相、成相、坏相），在这里泛指外界事物。

外离相为禅，即指不被外界事物所著染，不被外界事物所羁绊之义，此处的"相"包括色相（物质）、文字相（抽象概念）、境相（外界环境）等。

禅定和禅宗不一样，禅宗是中国佛教宗门，禅定则只是禅宗的修持途径。禅宗和禅那的冥想是不相同的，禅宗不拘泥于任何心灵的束缚。如神会在《南宗定是非论》中说："今言坐者，念不起为坐；今言禅者，见本性为禅。所以不教人坐身、住心、入定。"如果说禅定中的冥想像空中的飞鸟、水中的鱼儿，那么禅思则是心灵深层最彻底的自由，犹如空中的清风，亦像太阳的光芒，自由而无碍，这也就是禅宗的"无所住"，可见中国禅宗的发展已经远远超出了佛教的禅那。

（二）何谓坐禅

坐禅，指结跏坐禅、沉思冥想、定而生慧。坐禅是习禅的重要体验，但

观心

离相

坐禅

无常无我

是禅家的冥想有不同于其他佛门的独到之处，即冥想并不羁绊心灵。

禅宗强调参禅不必拘于形式，禅机在一切日常生活之中，真正的禅者时时刻刻都在参禅。正如慧能所说："何名坐禅？此法门中，无障无碍，外于一切善恶境界，心念不起，名为坐，内见自性不动，名为禅。"

坐禅与气功不同之处不在于调息而在于净心，即禅者不执著于调息，心定息自定。气功的关键在运气，并没有宗教色彩，因此也入不了禅境，而坐禅则是佛家修持的手段，二者不能相提并论。

坐禅只是习禅的手段，不是目的，如马祖最初执著于坐相，他的老师怀让和尚为了开悟他，就拿一块瓦片在一旁磨。马祖便问：

磨砖做什么？

磨它来做镜子用。

磨砖岂能成为镜呢？

磨砖既不能成镜，那么你坐禅就能成佛了吗？

要怎样才能成佛呢？

好比牛驾车，车如若不动，是打牛好呢，还是打车好？

马祖终于大悟。

禅并不是坐卧……你如果执著坐相，说明你尚未懂得禅。

禅定是心定而非形定，形不定也可心定，心不定虽形定也非禅定，人心乃有情之心，人心之自定，非草木瓦石之定。

总之，佛性的觉悟是无时无刻不了悟的，根本的问题是参禅而非坐式，佛性时时刻刻都在你心中，不只是打坐才是佛，不能拘泥于形式。

禅宗之所以反对拘泥于坐禅，是因为禅宗认为"悟"绝不能在静坐中苦思冥想而得，而是要在不断的实践劳动中才能获得的。因此，禅宗是最重视感性实践的，禅宗提出"一日不作便一日不食"，这种高尚的作风便是建立在禅宗重实践的基础上的。

智慧启示

说到底，禅是不可说的，是离语言对待的，一说出来就离禅远了。作为佛教徒的修持功课，禅是特别的，也正因为其特别，在中国发扬而光大的禅宗光彩才特别显耀。

第二章
中国禅的八大玄机

一、超越常理的玄机

（一）从一首著名的禅偈说起

> 空手把锄头，
> 步行骑水牛。
> 人在桥上过，
> 桥流水不流。

上面这首出自《传灯录》的诗叫《空手把锄头》。

这是禅宗超越二元逻辑的诗偈，也是善慧大士有名的偈诗，反映了佛学世界观中最深层的奥旨。明明是空着的手，却偏偏要说拿着锄头；明明是在步行，却硬说骑在水牛上；明明是水在流，却故意要说是桥在流。这首反常理、悖逻辑的偈诗，代表着禅宗的观点，即要超越一切是非、生灭、美丑、善恶、高下；用一句话概括，就是要超越哲学界中的矛盾对立，超越差别。一切都是，也可以不是，可以是这，也可以是那；万法因缘而生，如过眼云烟，不必对其执著，也不必被其束缚；自然与我心是没有界限的，应该是圆融为一的。故五祖法演说："东望西山见，面南观北斗。"

自性原本是不生不灭的，是不动的，动的是自己的心。佛性是超越矛盾的统一，承认矛盾就会承认对立，那么一切争端恶斗就会四起，而自性原本是清净不动的。

禅宗不愿受推理的束缚，而要亲自去体验，超越了哲学，否定了逻辑，一切以直觉为准绳，一切真理靠自己亲自去感受，这就是禅宗的真谛。

事实上，文字和语言确实概括不了整个的宇宙现象，禅宗有禅宗的思维天地。如孔雀美丽、乌鸦丑陋，这是普遍的认识，然而又是人为的；否定这些人为的是非，认为乌鸦美，孔雀丑，这就是禅味。禅的反常理，就是反人为的是非，要探寻它的自然秉性。

（二）禅揭示人为的扭曲

世界上的许多自然现象被人为地扭曲了，禅便是要恢复它的本貌，因此禅宗不受人为推理的束缚，勇敢地挑战说"乌鸦就是美"，人在桥上走就是桥流、水不流，北斗星在南面，太阳从西边出。自己重新去感受，这便是禅学。在这个重新感受的过程中创新开始了——这就是禅理的积极性所在，它是在超越固有观念基础上的重新体验，是对赤裸裸事实的直接触摸，最后得出来的结论是事实的原真写照，因为这也不是、那也不是、都不是的情况逼迫禅者们去悟证事物的本貌。

禅宗超越了一般常理的肯定与否定，但禅宗并非否定一切，也有禅宗境界的肯定，而且是绝对的肯定。日本著名禅学大师铃木大拙选择的佛经中的一段明证，很能说明问题：

东城有一个与佛陀同一天生又住在一处的老女人，她不愿见佛陀，所以佛陀一来便到处躲避。有一天，二人突然撞见并无法回避，老女人便双手掩面，可佛陀却总在她十指间显现。

这个故事说明什么？

这个故事里无法躲避的佛陀便是意味着绝对的肯定。

禅宗认为不是这个，也不是那个，什么都不是，超越了肯定与否定的逻辑二元常理，那么禅宗的"是"究竟是什么？禅宗的"是"是实际摆在那里的客观世界本身，这就是禅理的最深奥处。客观世界本来是什么就是什么，乌鸦的丑、孔雀的美，是人为的，乌鸦也可以美，孔雀也可以丑，也可以既不丑也不美，乌鸦就是黑的，孔雀就是绿的，这是活生生的客观事实。禅尊重的就是这一事实的本来面貌，即物质世界的本来实相。

也许人们从来也没有想到乌鸦是美丽的、孔雀是丑陋的吧。为什么不能向固有观念挑战呢？禅就能做到这一点。正如铃木大拙所说："心灵仍处在它的本初状态，即它的清净虚空状态的起点上去看待万事万物，这时呈现的是否定之否定的世界，但它是为了在否定中实现更高层次的绝对肯定的世界。

孔雀与乌鸦

雪花不白，乌鸦不黑，而雪花依然白，乌鸦依然黑。"这就是禅的真谛，不受任何抽象的理性束缚的认识论。

二、尊重自然本性的玄机

禅宗不着文字，尊重自然，这种自然当然不是动物的自然，而是高层次的人类的自然，《大珠慧海禅师语录》中的一句话正中要害："他吃饭时不肯吃饭，百种须索，睡时不肯睡，千般计较，所以不同也。"

这句引言具有深层次的禅蕴，即言心被千般烦恼、万般欲念困扰的时候，就连最自然的吃饭、睡觉也不能自然了。因此，遵从自然并不是一件容易的事，只有入了禅境，才能领悟到真正的自然。

禅的"要行即行，要坐即坐，饥来吃饭，困来打眠"，"去来自由"，"无滞无碍"即尊重自在无碍。

禅的自然是高层次的自然，没有被人为扭曲的自然。要做到这一点，触摸事物的本来面貌，禅要求首先要离尘去染（净虑静心），以戒、定、慧进行修持，拂擦心镜尘染，断妄念，离烦恼，然后才能悟见自然本貌，这就是佛性。就是说要认识事物，首先要拨开蒙住心镜的迷雾，才能映出事物的真性，这就是禅。

三、高度自性的玄机

（一）自性的玄机

禅的自性是讲"自性自度"（《坛经》）。自性自度即只有依靠自己才能悟禅，他人是代替不了的。

禅门认识世界首先从自我开始，即"不离自性"。自我如明镜，映照出来的世界才是明净的；自我是有色的，映照出来的世界也必然是有色的；自我是坦荡的，观察得之的世界也必然是坦荡的。为什么儿童说的话是真的？因为儿童的心镜少一分尘埃的污染，反映出来的客观世界也就少一分虚假。把先验的理性暂且抛开，直接去触摸世界，直接彻悟，这就是禅的真谛。

禅的开慧，在于拂去心镜中的尘染，磨去镜面的不平，这样映照出来的客观世界才不扭曲、不缺陷，这就是佛家的大智慧。

诸法空寂才不动念，禅家认为只要自己的心不动，万物也就不动，而且山水是难变的，易变的是自己的心，一切在自性心中。即不为外相所迷障，只有从自我开始，才能观得外界的真貌。慧可之所以成为二祖，就是因为在达摩选拔继承人时，诸僧皆言，惟慧可立而不动。慧可的不言不动，代表着禅宗的"以心相传，不立文字"。

心中如果装满了旧的观念，就像盛满水的杯子一样，如果不把水倒掉，禅学就装不进去。

总之，烦恼不仅来自外界，有不少是来于自己的，因此欲铲除烦恼的困扰，往往要从自我开始。禅家认为，从自我开始就是"一切众生悉有佛性"，禅就在自性心中，只要离尘去染，就会发现自我，便能自行超度，进而度他。

（二）自度的玄机

自度，即自我实践，亲身体验，这是禅家最宝贵的精粹。禅讨厌抽象的理性，尊重直觉经验，重视自我直接感受，亲自实践。如果你问禅师苹果是什么味，他不会告诉你是甜的还是酸的，而是让你亲自尝一口，然后就一言不发地走了。这就是禅的"悟"，即从直觉中去开悟。"不立文字"、"直指人心"的禅意就是如此。

一个僧侣向一位和尚请教禅是什么，被和尚一把推出门去。第二次他再去请教，被推出门时夹伤了脚，在疼痛中僧侣终于彻悟，原来禅悟不是言语所能说的，要靠自己去悟，去自度，别人是取代不了的。

《五灯会元》里有两个故事。

一次，一些僧人去求百丈怀海禅师讲禅，百丈怀海禅师叫众僧先去帮他开田，回来再讲。众僧开完田回来准备听讲，百丈怀海禅师却摆开双手不言一语，表明这就是他的说法，意即他已对僧人们讲完禅了，禅就在实际劳动之中。

另一个故事讲道谦和尚习禅日久却不得悟，友人开导他说：途中可替的事我尽替你，只有五件事替你不得，你须自家支当，着衣、吃饭、屙屎、放屁、驼个死尸路上行。道谦听后终得大悟，原来习禅关键靠自己体验，如果执泥于抽象的概念，则往往和僵尸一样失去了活性和灵性；只有自己明白才能入悟境，任何人都代替不了自己。

四、"物我融一"玄机

物我融一。——禅语

无我无相

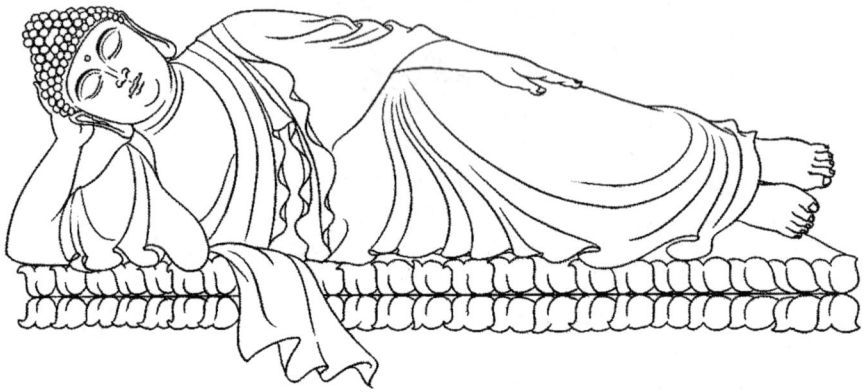

卧佛

无我无相。——禅语

物我融一是禅的最高境界，即我与物之间产生了共鸣。

无我无相，既不执著于我的自身，也不执著于一切外相（外物），所谓"离一切诸相"，认为一切法相皆为缘起性空，都是因一定的条件而存在，都是刹那生，刹那灭的。

禅家认为，自身的存在在整个生命的长河中，不过如朝露一样，瞬即消失。所以禅家不执著肉体，修持的是超度生死离障，让"自我"在大自然的"大我"中长存。禅家为什么能超越生死大关？原因就在于彻悟了"物我融一"，在于把自己从"自我"的桎梏中解脱出来，投入到"无我"的怀抱中去，与境合而为一。因此禅是虚空无门的，即无处不是禅门，这叫做"有缘千里来相会，无缘近处不相识"。佛家为什么愿意出家？就是为了解脱自我。无我无相即以"物我"告终，是禅的空观体现。

佛祖释迦牟尼舍弃了高贵的王位，离开了美丽的妻子，选择出家就是为了挣脱"小我"的束缚，去寻求解救芸芸众生（大我）的途径。禅宗二祖慧可为了求法不惜断臂，也是"物我融一"的精神体现，说明他已经达到了不执著于肉体相的佛家境界。

五、"无住"玄机

（一）何谓"无住"

无住无住。——禅语

禅家主张无住无常，即"应无所住而生其心"（《金刚经》）。受《金刚经》的影响，禅家崇尚无住，即认为万有存在于刹那，刹那存在于万有之中，佛学中的"一念三千"即此。目的在于不执著境（物）相，就是说世上的一切物质包括自我都是刹那生灭的，即使是一刹那间也是虚幻的，不必太看重，这是禅宗空观思想的一种反映，是破除妄念、妄欲障的法宝。

如敦煌本《坛经》说："无念为宗，无相为体，无住为本。无相者，于相而离相。无念者，于念而不念。无住者，为人本性……念念不住，前念、今念、后念，念念相续，无有断绝。"即言，一切事物都在不停地（"无住"）流注着，不停地刹那生灭着。因此，不必执著于（"无住"）任何法相（物质），也即所谓的"于一切法上无住"（"万法无著"，不被任何事物所束缚），这样便可做到"不染万境"（一尘不染）。因此，"无住无常"是禅宗无妄无念离尘染的理论基础，属于宗教特有的"辩证空观"。否则，正如敦煌本《坛经》所说："一念若住，念念即住，名系缚。于一切上，念念不住，即无缚也。""念上便起邪见，一切尘劳妄念，从此而生。"这就是禅宗立"无念"为宗的原因。

（二）超越动静的"无住无住"

《坛经》曰："无动无静，无生无灭，无去无来，无是无非，无住无住。"《坛经》的无住无住是超越动静的。

禅宗的这种超越动静的思想，如无风无浪（无动无静）、无声无响、无漂无动的一只小船。

世界的本元是否如禅家所说那样"无动无静，无生无灭，无去无来，无是无非，无住无住"，未为可知。因为无动静就不可能存在生灭，禅家否认客观物质的运动规律，并认为是自性在动的缘故，这是禅家的宗教世界观，是认识论的另一体系，无法用哲学去概括。

六、"刹那"玄机

（一）何谓"刹那"

刹那即刻。——禅语

珍惜即刻是禅味的主要内容之一。禅家提倡"随缘即是佛"，佛就在此时此刻。有一个禅故事是讲一个人垂吊于悬岩，上有猛虎咬绳，下有饿狼欲扑，在这生死反掌之际，岩边有一株红樱桃，明知非死无疑，但这个人还是信手摘来，边吃边赞不绝口：真甜啊！这个故事表明禅宗重在即刻，贵在今生，珍惜此时此刻，这是很有现实意义的。

如正果编述《禅宗大意》说："身如朝露，命若西光，今日虽存，明亦难保，切须在意。此身不向今生度，更待何生度此身。"

（二）禅家为何推崇"刹那"

珍惜今生，注重刹那即刻，是禅宗现实主义精神的体现。故禅家"身如朝露，命若西光，今日虽存，明亦难保，切须在意。此身不向今生度，更待何生度此身"的禅理是非常深刻的，表面看来似乎消极，但实质上却是非常积极的。从禅家的尊重实践、自耕自食来看，中国禅宗是超宗教的，具有深层次的认识观，是不能低估的。

七、"疑悟"玄机

（一）何谓"疑悟"

大疑大悟。

小疑小悟。——禅语

禅宗强调禅悟的关键在于善疑，所谓"大疑大悟，小疑小悟"，这是禅家的重要可取之处。禅家的"善疑"与我们现在提倡的"反思"是一致的。没有疑问就不会有创新，就容易沿袭守旧，这是禅家的大忌。

南禅晚期，禅风非常活跃，尤其是马祖、石头两大师时代，各种形式的教法层出不穷，如棒喝、扭鼻、击倒、不语……反映了禅家教法的灵活性，说明禅宗是一个无拘无束十分活跃的宗教，与其他教派的刻板拘泥大为不同。禅宗门下求学者甚众，原因就在于此。

另外，禅宗的"机锋"是非常独特的启发方式，不正面回答问题，而从反面、侧面或其他角度回答问题，可称为多棱角的启示方法和多途径的悟法，具有独特的作用。如问：如何是佛？答：麻三斤。又如问：万法归一，一归何处？答：我在青州做一领布衫重七斤。

（二）禅家为何要"疑悟"

禅家之所以要用疑悟这种启发方式，是因为禅家的许多思维是超越一般常理和超出常规逻辑的，一般常理性的回答启发不了学者。为了引导学者避开常理，所以采用反常理的启发方式，诱导学者进入禅门，这就是禅家答非所问的缘由。

八、"自力"玄机

（一）禅的"自力"

自耕自足自食其力，这是禅宗最高尚的美德，也是禅宗尊重实践、亲身实践的体验。《百丈语录》说："一日不耕，一日不食。"许多禅师都是热爱劳动的典范，如百丈和尚无论行脚到何处都带着炊具，主动担负起炊事这一最繁重的工作。百丈和尚在圆寂前夕，还坚持下田，弟子们将其农具藏匿起

化缘

不耕不食

来，他即坚决不食。不化缘乞食，这是禅宗形象的崇高之处，也是中国佛教之所以能经久而不衰的重要原因。

（二）"百丈清规"

唐武宗时，佛教在中国遭到了一次大劫难，众多的佛寺被毁，僧侣被迫还俗，而禅宗尤其是南禅却得以幸免，原因就在于禅僧自食其力，并不成为社会的负担。

"百丈清规"是对佛教戒律的补充，是禅宗的主要戒律，为百丈山怀海禅师所制定。

百丈清规的可贵之处在于提出僧众应饮食随宜，务求勤俭，全体僧人均须参加劳动，"一日不作，一日不食"。

百丈清规是应禅宗僧团的出现和不断壮大而出现的，对禅宗的发展起到了很大的作用。

百丈怀海及其百丈山的众僧所建立和遵行的"百丈清规"，对中国佛教具有划时代的影响。从此，中国佛教结束了化缘乞食的生活，树立自食其力的教风，极大地提高了佛教的自我价值和佛教在人们心目中的地位，同时也对中国佛教的生存和发展起到了重要的作用。

禅宗为佛教的发展做出了卓越的贡献，并对中国思想文化的发展产生了深刻的影响，是中国传统思想文化宝库中的重要组成部分。

智慧启示 ......

直取人心，即不立文字，以心传心，见性成佛。直取人心缘起于释迦牟尼在灵鹫山说法时佛祖拈花，迦叶微笑的故事。佛祖说："我有正法眼识，深藏眼底，以心传心，才能了悟，不必拘泥于言语文字。现在我将此法传予迦叶。"这个故事成为禅宗"不立文字，直指人心"的渊源。

第三章
禅宗兴衰的启示

一、禅之兴

禅宗在中国的大起大落，其兴衰有着不少难得的启示，值得我们借鉴。

（一）"直取人心"助禅宗大兴

禅宗"直取人心"的方法在中国思想史上曾经产生了巨大影响。

洋洋佛经达一千几百种，仅《大藏经》藏经书就达万卷之多，有如汪洋大海。为避免求佛者望洋兴叹，禅宗吸取了易简的原理，在浩如烟海的"三藏"（佛经）中，只崇奉六祖慧能的《坛经》以及《金刚经》，并提出了"直指人心，见性成佛"，采用不立文字，以心传心的教化方法，向不敢越雷池于半步的儒家发起了挑战。

禅宗是中国佛教发展的一个重要阶段，于唐宋之际大兴，到宋代达到了鼎盛。

进入宋代后，佛教已不像唐代那样被皇帝所推崇，失去了唐朝时的辉煌地位。为取得一定的地位，禅宗采取了向居正统地位的儒易学术界挑战的办法。

宋代儒易思想在三纲五常的教化下已经陷入僵化，随机灵活的禅宗使宋儒的刻板受到冲击，尤其禅宗的心性对陆王心学及程朱理学的产生起到了重要的作用，因此，由于禅宗的易化及宋明理学的禅化，二者的融一使禅宗得到了宋代儒易学术界的认可。禅宗以其随机、活跃的学风对儒学的重振起到

109

了推动作用。禅宗的影响更加扩大，这也是禅宗大兴的原因之一。

（二）"人人皆能参禅"的启示

人人皆能参禅的学风使禅广泛深入民间下层。

禅宗突破了儒易只盛行于士大夫阶层的局限，提出"人人皆能成佛，人人皆能参禅"的口号，并一改坐禅的寺规而提倡在劳动及日常生活中习禅，从而使禅得到民间下层的拥护。禅宗走下了神坛，和民间相融一，一时间不仅士大夫参禅，而且平民百姓、凡夫俗子皆能参禅。故禅宗虽然失去了皇权的依附，却得以深入于民间，从而能在中国立足生根，这是禅宗生存发展的公开的"秘密"。

（三）禅"三世轮回，因果报应"的震慑

禅宗向儒易挑战，不仅在学术思想方面吸取了《周易》的简易，进行了创造性的应用，并且以三世轮回、因果报应的威力争取人心，并以之和儒易的仁义忠孝伦理纲常竞争，从而使佛教更能深入人心。

（四）禅"苦空观"的影响

正当科举仕途森严，仕者攀登无望之际，禅宗以其特有的"苦空"哲学向仕者学人们大举进攻。所谓人生如苦海，只有超脱现实才能回头是岸，"涅槃"彼岸才是极乐境界云云，由是赢得了大批学者们的皈依，包括文人、诗人，甚至一些思想家也竞相"遁入空门"，从而促进了禅宗的大发展。

（五）佛禅的威力

象数是《周易》的重要优势，佛教也竭力突出其神威，如"一念三千"、"十万亿佛土"、"八万四千烦恼"……从而使参佛人犹入迷宫一样，有入无出。

（六）直指人心的魅力

禅宗发展的另一主要缘由是把握住了当时哲学界、思想界深入探讨本体论的机遇，并以直指人性、见性明心等突出心性本体的论述充分展示了自己，展示了佛学在心性本体思辨方面的优势。禅宗和当时宋明理学本体论的研究相呼应，促进了当时哲学界心本体论的深入探究，对陆王心学的形成产生了影响，使禅宗的影响从宗教界扩大到思想界和哲学界。这样禅宗不仅得到了民间，而且得到了上层社会的瞩目，从而提高了自身的社会地位，这也是禅

获得兴盛的一个重要原因。

（七）农禅合一的方针

禅宗大发展还有一个至关重要的原因，是和其他教派不同的。禅宗农禅合一的方针，使其经济上完全独立，从而获得了生存的权力和自由。这是值得其他教派借鉴的。

二、禅之衰的现代启示

（一）禅"自毁长城"

禅宗发展到了晚禅宗，尤其南禅的临济、曹洞、云门等宗，把慧能的"菩提本无树，明镜亦非台，本来无一物，何处惹尘埃"一偈的空观，高度绝对化、夸大化、从简化。参禅发展到淡化参禅，甚至到了废弃参禅的程度；"不立文字、直取人心"发展到不念经，烧毁佛经；不拜佛发展到辱骂佛祖（如骂佛祖为"干屎橛"），甚至恨不能当释迦牟尼刚出生时就把他"一棒打死，与狗子吃"。

由于禅宗"自毁长城"，从理论上、行动上将禅宗的传统彻底否定，从而动摇了禅宗的根基，使人们的信仰失去依仗，从此，曾经风光无限、风靡中国的禅宗，走向了衰落，走完了它的历史行程。

（二）禅衰落的教训

佛教之所以能在中国站稳脚跟，而且能挑战中国的正统思想，原因在于佛教在中国能顺应中国国情，尤其禅宗的随机使其获得了旺盛的生机。这就启示我们：

第一，外来的文化，无论东方文化或西方文化都必须和本国传统文化相辅相成，但同时外来文化不能丢掉原有的传统，否则便会丧失生机。如禅宗的心本体理论被儒家充分吸收，但禅宗自己反而叛离原有传统，从而导致理论发展的停止，这应该说是值得反思的。

第二，本国文化要得到继承和弘扬，就必须不断引进外来文化——无论是西方或东方的，互相刺激，才能发展，闭关自守必然导致僵化。

第三，本国文化要想持续不衰，除了要吸取外来的文化，还必须继承传统的精华。如果反传统，丢掉自己的理论基础，则势必撼摇其根而导致自灭。

金刚怒目

禅宗的自灭便是一个惨痛的例证。禅宗虽然重实践，但后期却轻视理论，甚至全盘否定传统理论，自掘其根，终于导致了生机源泉的丧失。

从另一角度来说，玄奘和慧能各为唯识宗及禅宗的代表。玄奘九死一生从印度取来佛经，又经过艰苦卓绝的工作将之翻译，但唯识宗的兴盛却远远不及禅宗。慧能虽然不识字，却创立了不立文字的独特教化方法而使佛教渗入民间。玄奘因过分恪守祖经，不敢越雷池半步，又没有结合中国的国情民俗且毫无创新，因此仅对上层社会产生影响，而未能使唯识宗为广大民间所接受。这就启示我们，任何一种文化要想拥有强大的生命力，就必须要敢越逾、敢创新，尤其要适应当代国情民情的需要，否则是难以长久的。

综上所述，禅宗在中国历时千年之久，虽不能说是昙花一现，然却走向了自生自灭的结局，值得我们为之反思，其对传统文化的延续有着深刻的启示和借鉴价值。

三、教育对禅机的借鉴

（一）禅门教学"如坠五里云雾"

禅门的教学方法乍看起来，使人有一种如坠五里云雾的感觉，是非常独特的，但经过启发容易使人彻悟。尤其顿悟是南禅的特长，其开悟方法很值得借鉴，很有启发意义。

（二）禅门的大胆超越

禅的许多语录、故事都是超越逻辑、超越常理的，如取消事物之间存在的对立，不存有差别，并大胆跨过固有的理性而去亲自触摸事物的原貌。尽管我们不赞成在认识论上走向另一极端，但禅的蔑视常理、不重复模仿、不沿袭他人这种创新精神和亲自实践的作风是非常值得借鉴的。欲革新，就必须要有这样的精神。

禅家著名的偈句"空手把锄头，步行骑水牛"，即体现了禅家敢于超越常理，重新去认识世界的精神。盲从、照搬、仿照、复制、轻信等都是禅家的大忌，这在今天的教育学上也是应该忌讳的。

禅家著名偈句"大疑大悟，小疑小悟，不疑不悟"，足以说明疑与悟之间的密切关系。禅家提倡大胆怀疑，向固有观念挑战，这些精神都是值得弘扬的，不怀疑就不可能有创新。

不崇拜偶像，不畏惧权威，是禅家的作风。如一个和尚问：释迦牟尼出生时，一手指天，一手指地说"天上地下，唯我独尊"，如你见了作么想？答曰：一棒子打死喂狗子去。这说明了悟的禅者即使对佛祖也可不屑一顾。又一故事讲马祖和尚的弟子百丈和尚在回答马祖的问题时被马祖扭痛了鼻子，因而彻悟。次日马祖尚未开讲，百丈即收卷，离席而去，马祖却不加责怪，知他已悟了。这就是说，已经觉悟了的人将重新估价自己，因此对权威也就不那么崇拜了。这些都说明彻悟了的禅者是无所畏惧的。尤其禅宗强调自心即是佛性，一切众生悉可成佛，重视自己的力量，这在教育心理学中具有不可估价的力量。

（三）禅门"一把钥匙开一把锁"

禅家以顿悟最为著称，顿悟即突然开窍。禅家为什么重视顿悟？因为他们认为佛性就在自性中，离（去除）染佛性自见。因此，他们采取种种激烈的言行，如棒喝、一巴掌打倒、扭鼻子、一脚踢倒，或恰恰相反，采用不语、怒视、微笑、倒顶履鞋等，或者把学者的思路逼于绝境，或者故意答非所问，牛头不对马嘴，或者打各种各样的比喻……以激发灵性，启开心窍。

这些形形色色的、貌似荒诞离奇的方法，都往往使学者突然大悟，原因何在？归纳之，不外"两极"手法，然却妙在对症下药，这在教育心理学上是颇值得推敲的。为什么旁人听了如坠五里云雾，而被开导的人却能突然彻悟，道理就在于一把钥匙才能打开一把心锁，而奥妙则在于如何挑选这把钥匙。

（四）禅门"单刀直入"

第一个故事：

一个人辞别老母去求佛，路遇一位和尚，问他作么去。答曰：求佛去。和尚说，我告诉你佛在何处，你半夜回家唤门，倒披着衣服，倒穿着鞋出来开门的便是你要寻求的佛。于是这个人便折回家，叩门，出来开门的老母忙得衣服倒披着，鞋倒穿着。这人大悟，原来佛就在自己家中，老母亲的大慈大悲不正是佛性的再现吗？

这个故事是禅"单刀直入"的教僧方法，是非常值得借鉴的。禅师抓住弟子的弱点，仅以简单的手法击中要害，一反前人的烦琐说教。禅从不要求弟子去背诵烦冗的佛经，而强调佛性就在自心中，只要了悟佛性的根本旨义，便可直入禅境。禅的这种教育方法属于教学方法上的直取法，可以起到速战速决的效果。

佛就在自己家中

学盗

第二个故事：

一位和尚把自己关在亭寺里坐禅，一尼姑不下雨却打着伞，一言不发在他身边绕了三圈，问他禅意何在。和尚不解，尼姑便自离去。尼姑不下雨却打伞表明是多余的，绕行三圈意在表明真正的禅者是不拘泥于坐禅形式的，"平常心是道"，禅就在日常生活之中。

第三个故事：

一和尚问曰：佛是什么？答曰：麻三斤。这个麻三斤的故事总共才十四个字，但含义深刻：佛不是现成的，犹如要制衣服就必须织布一样，意思是说佛不是用言语表达的，要亲自去体验才能了悟。

（五）禅顿悟的智慧

从一个故事悟出禅机：

从前禅宗五祖寺有个和尚给小和尚讲了一个故事：有一个贼的儿子想从他父亲那里学点盗法，父亲即把儿子带到一富人家，挖墙钻了进去，把儿子锁入一大立柜中，大喊有贼后自去。富人听到喊声出来查看未见盗迹，于是又去睡觉。躲在柜里的儿子脱身不得，急中生智，学鼠咬柜声，富人听到叫丫鬟执灯去看，丫鬟刚一开柜，小贼即一口吹灭灯把丫鬟打倒而逃。富人家人追至河边，他又以投石为诈，最终逃走了。儿子回家后见父亲自顾饮酒，不解其意，责怪父亲，老贼笑说：你已经学会了。

这个故事非常生动，它启示了禅智是逼出来的智慧。

智慧启示 ··

禅宗的衰落，落下"自毁长城"的口实，但这也说明流于形式，不重理论，甚至连形式都流于嬉笑怒骂、不知所云，一定会走向衰败。禅宗从大兴到衰落宛如光芒闪烁的流星，值得深思。

第（四）章

中国十大著名禅师

一、祖师达摩

（一）从西土来

达摩，为菩提达摩。天竺（印度）人，属婆罗门种姓。《续高僧传》载："初达宋境南越，末又北度至魏，随其所止，诲以禅教。"曾到金陵，与梁武帝见，因不投缘，后北上嵩山少林寺，面壁九年，禅坐修性。

《五灯会元》载，达摩原是南印度人，"初祖菩提达摩大师者，南天竺国香至王第三子也，姓刹帝利，本名菩提多罗。……夫达摩者，通大之义也，宜名达摩。"因改号菩提达摩。有说法认为达摩是南印度国的三王子，原本父王是将王位传于他的，但因两位哥哥不服，在父王生病时竟然暗杀他，以夺王位，达摩因看破世尘，经法师指点而入佛门。

达摩曾远渡重洋，到中国金陵（今南京）受梁武帝见，却话不投缘，《碧岩录》载：

梁武王问达摩大师："如何是圣谛第一义？"（佛家第一圣谛是什么？）

摩云："廓然无圣！"（天下圣人凡人都一样，哪来圣人？）

帝曰："对朕者谁？"（在朕面前的人，你知道朕是什么人吗？）

摩云："不识。"（不知道）

帝不契，达摩遂渡江至魏。

这段皇帝与僧人的对话表现了僧人的超凡出世，在僧人的眼里凡圣一如，法门无二。这段公案也反映了达摩的禅佛境界。

（二）达摩的"凝住壁观"禅修思想

达摩推崇《楞伽经》，其禅法是"大乘法心之法"，属大乘般若系，达摩以《楞伽经》的"自性净"为主，突出修心性。

达摩禅法的特点是以天竺南印度瑜伽禅法的"壁观"为基础，突出"凝住"，结合"止"、"定"，从而开创了他修持的面壁凝住、心无执著的独特方法。他把《楞伽经》的"自性净"发展为心性论，与般若空宗佛理相融合，奠定了禅修的基础。达摩的"心如墙壁"以心壁"补止诸缘"，把天竺的"壁观"结合凝住，奠定了禅的入定特色。其修持佛理是以心性本净，外本无相为主，突出如能心无所着，实相无相，便能明心见性，从而开创了禅修的境界。

（三）被奉为禅宗初祖

达摩传法了不少弟子，相传慧可立雪断臂，把白雪染成红雪，感动了达摩，终使他把衣钵传法于慧可。其实是因慧可在诸弟子中最为杰出，所学"吾得髓"，才被达摩选中而得真谛。《续高僧传》也载慧可的手臂是被贼砍掉的。总之，无论慧可断臂出于什么原因，达摩之所以传法给慧可，主要是达摩洞中面壁入定，慧可侍立于身后入定，因其深得禅定之悟，终于获得祖师的真传。

达摩入灭后，慧可继承师法而得二祖之称。

二、慧可二祖

（一）传奇生平

慧可（487—593），俗姓姬，名光，号神光。洛阳虎牢（今河南荥阳）人。少年即博读《易》、《老》，之后到洛阳龙门，后剃度于宝静禅师，跟宝静禅师学法。中年时代到嵩山少林寺求禅菩提达摩，遭冷拒后，立雪断臂，终得法师器重，并得以传授真法。授《楞伽经》，并赐名慧可。达摩法师圆寂后，慧可隐居了一段时间，后南下邺地（今河南安阳）传法，曾遭当地道恒禅师加害，但慧可仍然坚持说法，之后僧徒日众，名气大增。（《续高僧传》载："达摩灭化洛滨，可也埋形河涘……北就新邺，盛开秘苑。"）入灭前将衣钵传予高徒僧璨禅师（三祖禅师）。

慧可终年107岁。

（二）学术非凡

慧可传承达摩授的《楞伽经》四卷，突出大乘佛学思想，突出"性相一如，如水与波"，强调真如心性，自心即佛。主张法佛不二，认为自心本来清净，突出自性般若，即心即佛。慧可的这些观点都记入了高徒三祖僧璨著的《信心铭》中。

慧可立雪断臂体现了他"为法忘形"的修持精神，达摩告诉慧可"诸佛无上妙道……忍常人所不能忍"，便是提醒他佛法非常人所能，他便以"昔人求道，敲骨取髓、刺血济饥、投崖喂虎"的决心，断臂染雪，打动了达摩，终于得到了真传。

慧可禅师是一位为求法能"忍常人所不能忍"的人。为了避免被人加害，而"韬光混迹，佯狂隐林"（《景德传灯录》有载）。受达摩法师的真传，慧可也极为重视心无二心，修自性心，自心清净即是佛。有一段著名的公案可以说明达摩向慧可传递的修禅安心的真谛：

《碧岩录》载：

师（慧可）自归附达摩大士，而不闻开示，乃立雪断臂以求，大士知为法器，乃曰："诸佛最初求道，为法忘形。（为法忘躯。）汝（你）今断臂吾前，求亦可在。"（求法心切。）乃为师改名慧可。（慧可立雪断臂，为法忘形的情形。）

师曰："诸佛法印，可得闻乎？"（慧可问达摩可否给他讲佛经？）

大士（达摩）曰："诸佛法印，匪从人得。"（诸佛法印，皆非从他人得来。）

师曰："我心未安，乞师与安。"（请为我安心！）

大士曰："将心来，与汝安。"（把你的心拿来，我替你安。）

师曰："觅心了不可得。"（我找不到我的心在哪里。）

大士曰："我与汝安心竟。"（我已把你的心安定了。）

慧可终于彻悟。他悟出什么？悟出自心即是佛，心性即真如，突出了禅学的真谛在于修心性，达摩"凝住观壁"，为的是自性心的返归，修心坐禅目的都在于净心，从而奠定了禅佛自性般若的修心根本。

达摩、慧可的禅修佛法都在于强调心境本空，万法本来一如，自心本净，由此奠定了中国禅佛修心性的理论基础。

（三）被奉为二祖

慧可禅师之所以被禅佛崇奉，敬为二祖，其原因有三。

其一，慧可是求佛法的非常之人。

正如慧可问达摩，什么人可以求得佛印法门？达摩回答："忍常人所不能忍。"慧可于是立雪断臂，为法忘躯，终于感动了始祖，而得到了真传。慧可的断臂求法不管是否真实，但他侍立于达摩洞壁六年，已足以表达他的虔诚。正是他的虔诚使他脱颖于众多的僧徒，而得二祖之誉。慧可传承达摩的"凝住壁观"，也奠定了中国禅定的基础。

其二，慧可获得了始祖达摩的真传。

慧可不仅获得了达摩的衣钵，而且达摩授予他《楞伽经》四卷，无上佛法，不仅使他得到了大乘般若的真谛，而且铸就了他把禅定和般若相结合的明心见性、自性清净的如来禅思想，从而奠定了中国禅的理论基础。

其三，慧可传真谛于高徒僧璨。

慧可的传承人僧璨（三祖）所著《信心铭》其实是在反映慧可禅法的基础上，进一步充实了禅修的理论。慧可从达摩始祖处获得了"安心"的开悟，《信心铭》就是突出真如佛性就在自性中，心境本来一空，万法原来一如。自心原本清净，所有妄想皆虚幻。"不用求真，唯须息念。""信心不二，不二信心。""有即是无，无即是有。""心非一物。""心外无物。""诸相皆幻。"从而奠定了佛禅法门的依据。

初祖达摩和二祖慧可奠定了中国禅的修持法门，确立了禅定核心思想，即安心修性、心境一空的禅佛理念。

三、慧能——中国禅宗的杰出代表

慧能是著名佛僧，中国禅宗六祖，以"直指人心，见性成佛"的顿悟禅法著称于世。

（一）禅宗六祖慧能

慧能（638—713），俗姓卢，岭南新州人（今广东省新兴县）。慧能幼年丧父，家境贫寒，遂每日上山砍柴以养母度日。一天，慧能在集市上卖柴，忽然听到有人诵《金刚经》，便十分动心。听说五祖弘忍禅师在黄梅东禅寺讲授《金刚经》，他就前往黄梅拜谒弘忍禅师。慧能初见五祖即出语不凡。五祖问他不识字何以识经？慧能答曰："人虽有南北，佛性本无南北，獦獠身与和尚不同，佛性有何差别！"意即"地分南北而佛性并无南北；人分獦獠、和尚而佛性不分高下"。弘忍听了慧能回答十分惊异，就收留他在磨房推磨，因此众人称他为卢行者。

121

慧能像

八个月后，五祖欲选择继承人，决定以作偈的水平裁决。上座神秀之偈曰：

身是菩提树，心如明镜台。
时时勤拂拭，莫使惹尘埃。

五祖看后，不甚满意，认为"只到门外，未入门内，如此见解，觅无上菩提，了不可得"。慧能得闻神秀所作之偈后，说道"美则美矣，了则未了"，于是另作一偈与神秀所作之偈相对。其偈曰：

菩提本无树，明镜亦非台。
本来无一物，何处惹尘埃。

这一禅家千古绝偈，反映了禅宗思想到慧能已发展为彻底"自性空"的阶段，达到了禅宗的最高境界。

此偈得到五祖弘忍的赏识，于是五祖夜晚秘密召见慧能，传以衣钵并送他至江边南逃。慧能躲过了神秀等的追杀后遁入南方15年。是时，神秀在北方（长安）得到当时皇帝的尊崇，被授为国师，声振八方。

慧能在广州法性寺听印宗法师讲《涅槃经》，遇两个和尚争执风幡之动，一言风引动幡，一言幡动起风，慧能进曰："不是风动，不是幡动，仁者心动。"慧能之言惊动了印宗法师，慧能出示五祖所授衣钵后被拜为首席，从此慧能复出（时年50），以后迁至曹溪说禅30余年直至圆寂，终年76岁。

关于六祖慧能，《景德传灯录》上记载：

慧能大师者，姓卢氏，其先范阳人。父行瑫，武德中左宦于南海之新州，遂占籍焉。三岁丧父，其母守志鞠养。及长，家尤贫窭，师樵采以给。一日负薪至市中，闻客读《金刚经》，悚然问客曰："此何法也？得于何人？"客曰："此名《金刚经》，得于黄梅忍大师。"遽告其母以为法寻师之意……闻西域菩提达摩传心印于黄梅，汝当往彼参诀……忍大师一见默而识之，后传衣法，令隐于怀集四会之间。至仪凤元年丙子正月八日，届南海遇印宗法师……受禅乃告四众曰：印宗具足凡夫今遇肉身菩萨……因请出所传信衣悉令瞻礼……剃发……就法性寺……受戒。

慧能在曹溪名声大振，弟子千余，高足辈出，南禅在民间的声势与神秀北禅齐名。唐中宗曾派人前往曹溪召见慧能，慧能称病未去，中宗授予摩纳袈裟等物。

慧能过世后，其弟子神会曾北上与神秀弟子普寂辩论并出示衣钵，为慧能六祖地位大造声势，从此南禅也开始了大发展，形成了三宗五禅。

慧能不识字，其思想由弟子们（主要为法海）收集整理为《坛经》，成为禅宗的宗典。

（二）慧能的佛学思想

慧能的佛学思想主要授承于《大乘般若经》及《金刚经》，以般若性空为宗。

1. 以《金刚经》为宗

慧能在青年时代即受学《金刚经》，并被其中"应无所住，而生其心"之语所感触。后来，慧能投奔于五祖弘忍门下。为其赢得衣钵之偈——"菩提本无树，明镜亦非台；本来无一物，何处惹尘埃"，把空观彻底空化，从而奠定了禅宗的思想基础。

慧能的空观以《金刚经》"凡所有相皆是虚妄"为圭臬，这一思想充分反映于他的言论集《坛经》中。

《坛经》是禅宗的宗典，其中提出"无生无灭，无去无来"以及"一切无有真"的观点。如《真假动静偈》曰："一切无有真，不以见于真，若见于真者，是见尽非真。"即突出"真无"，否认"真有"的空观思想，也即突出缘起性空，一切皆空之义。

《坛经》又言"心不住法"，即人心也是空物，并主张"无相"、"无住"、"无念"，所谓"于一切法上无住"，"但离一切相，是无相"，"是以立无念为宗"。总之，强调一切皆虚空。提出虚空能含日月星辰、大地山河，一切草木、恶人善人、恶法善法、天堂地狱，尽在空中；世人性空，亦复如是。

以上说明慧能早期的思想受《金刚经》的影响，是彻底的空观思想，即是以缘起性空为核心理论。

2. 纳入道家有无观，提出真如缘起

慧能后期受魏晋时期盛行的玄学的影响，在佛学思想上进行了禅道融一。

佛教空宗的般若性空说之所以在魏晋时期盛行，和魏晋时期老庄玄学的兴盛是有密切关系的。禅宗和道家思想有共同的虚无观念，禅家的空和道家的无都是空观的体现。道家的有无之辨和佛家的空宗及有空之争虽非出于一

万法尽在自心

心原是妄

辙,但有相似之处。道家的"有无"是无在前,有在后,属客观唯心主义范畴;而佛家的"空有"则是有在前,无在后,属主观唯心主义领域。慧能禅宗在道家有无观念的影响下对空有进行了思辨,在"自性空"的基础上推崇真如缘起,从而把性空假有发展为性空缘起有。如《坛经》曰:"故知万法尽在自心,何不从自心中,顿见真如本性?"

慧能的"真如"即心性,他的"真如缘起"即心性缘起,实即万法(万物)产生于心识,从而提出"识心见性,自成佛道"的观点,纯属主观唯心主义的范畴。慧能的"有"也并非"真有",而是属"缘起有"的范畴,如他对《金刚经》"应无所住而生其心"的感悟,"心"本身就是在空基础上的虚有。所以慧能南禅对空有的统一也是在虚无基础上的统一,仍然离不开唯心主义的主体。

总之,慧能南禅在道家有无观的影响下,对佛家的空有观作了统一,对调和禅道及佛学研究的深入产生了影响。

3. 以直指人心,发明心性论

慧能南禅以心性论的阐发著称。慧能受《金刚经》"应无所住而生其心"的影响,崇尚心性豁然彻悟,悟在顿明,即使自性心也是无住的。无住,即无境,即以"不空无住为体",也即无真实相(无真实存在)。所以慧能指的心,实际是虚妄的心。《坛经》曰:"心原是妄,知心如幻,故无所著也。"心既虚妄,自然所缘起的相也非实相,故慧能高度崇拜《金刚经》"凡所有相皆是虚妄"的宗旨。

在慧能受弘忍法衣南遁15年后,逢两僧争执是风吹幡动,还是幡动成风,慧能当即指出"不是风动,不是幡动,仁者心动",标志着慧能以心性论复出。

慧能心性论的精髓在于,既然心生于无住,那么心本身也非实有,心非实有,缘起于心的万法(万物)自然亦非实有,这是对《金刚经》"凡所有相皆是虚妄"的发展。

慧能抓住了"心原是妄"这一主旨,解决了万法皆空的根本问题,实际上是对大乘佛教有宗唯识相,包括心识的彻底否定。所以,慧能的"真如缘起"本质上也是空的。并且由于慧能的心性论是空的,所以一切皆空。所以慧能的心性论实际上是把空观从根本上空化,他的所谓"直指人心,明心见性"的要害即在于强调心是空的,因此一切皆空。所谓"本来无一物,何处惹尘埃",即是对神秀"心如明镜台……莫使惹尘埃"的否定,也即对"心"的否定。心空则万法皆空,这便是慧能心性论的真谛,也是他的"直指人心,见性成佛"的要害。

（三）慧能的千秋功绩

1. 开创南禅，发展禅学正宗

慧能对佛学最大的贡献是开创南禅，传播发展禅学正宗，为禅宗的发展奠定了基础。

慧能隐遁 15 年崛起后，为发展禅宗作了艰苦的努力，在被印宗和尚作剃度时已 50 岁，从此居法性寺传授佛法，收纳弟子数百人，而到曹溪宝林寺传法时，僧徒已达千余人。

以后南宗逐渐发展壮大，成为能与神秀北宗相持的宗派，并受到朝廷的赞誉和支持，为维护禅宗的正统奠定了基础。

慧能圆寂后，弟子神会北上为慧能争得了六祖的地位，以后禅宗又发展为曹洞、云门、法眼等三宗五禅，兴盛了很长一段时期，对中国思想文化产生了很大影响，这些和慧能开创南禅，发展禅宗正宗的努力是分不开的。

2. 促进儒、释、道融一，扩大佛学社会基础

在传法中，为争取更多的信众，慧能提出了习禅不在于出世的观点，使其传播的佛法终于被儒家及士大夫所认可，因而扩大了佛学的社会影响。此外，慧能宣传佛性即是净化自心，他强调的虚妄、虚无和老庄玄学合拍，因而为道家所接受，这样在禅学中国化的同时，儒、道也开始禅学化，于是在儒家士大夫及道家不少学者中兴起了参禅风，一时间，禅学风靡南北。这些对中国的哲学、文学、艺术等，都产生了深刻的影响，禅学的社会基础就更加扩大化了。

3. 创立不立文字、顿悟的新佛法

慧能原是一个目不识丁的樵夫，没有学过佛学系统经文，因而他创造了不立文字、见性明心的顿悟方法。由于方法简捷，免去了烦琐的佛经传诵，因而使参禅的人倍增，使禅在下层中扩大了影响。

以后南宗在慧能顿悟、以心传心的基础上作了充分的发展，如机锋、棒喝……使禅宗的传教变得十分灵活、简捷，并把习禅融于生活中，免去了传统刻板的戒、定、慧。

智慧启示 ....

慧能在中国历史上有重大影响，是中国禅宗的第一里程碑。这种影响不只

存在于佛学界，哲学界、文学界等其他领域都留下了他的影子。因此，慧能与孔子、老子一道被誉为代表东方思想的"东方三圣人"，为后世中西方的学人所关注和景仰。

四、神秀禅师——中国北禅的优秀代表

神秀是中国北禅创始人，以"身是菩提树，心如明镜台，时时勤拂拭，勿使惹尘埃"闻名于世。

（一）神秀是北禅的开山

神秀（606—706），俗姓李，汴州尉氏（今河南尉氏）人。少年即聪慧博学，善经史。年轻时崇尚佛学，后上荆州东山寺拜弘忍和尚为师。深得弘忍器重，被推为"神秀上座"。并誉曰："东山之法，尽在秀矣。"

弘忍去世后，神秀移往荆州玉泉寺传禅，门徒甚众，名声大作。"师身高八尺，庞眉秀目，威德巍巍，王霸之器也。"90岁高龄，被武则天召到长安内道场，女皇"亲加跪礼"，十分敬崇。中宗即位更加宠重，推神秀为"两京法主，三帝国师"，从此，以法高望重的神秀为代表的、朝野皆仰的北禅在中国大兴。

神龙二年，神秀圆寂（终年101岁），中宗下诏于嵩山为神秀造十三级浮屠，并赐谥"大通禅师"。后世推追神秀为佛学禅宗"七祖"。位仅在慧能"六祖"之下。

（二）神秀的佛学智慧

1. 以心为宗

神秀宗五祖弘忍大师以心为宗的禅法，其著名偈文"一切佛法，自心本有，将心外求，舍文逃走"。神秀强调以修心性为主，突出净心去染心，主张"去三毒（贪、嗔、痴）净六根"，建立了"坐禅习定"的禅风。其著名弟子普寂也承传曰："凝心入定，住心看净，起心外照，摄心内证。"并承国师位。

其著《观心论》强调"一切善恶，皆从心法"。认为"一切诸法，唯心所生，若能了心，万法俱备"。

2. 渐修为主

神秀主张渐修，提出"坐禅习定"，认为心是明镜台，要时时拂拭，去掉尘埃。与慧能的"心中无一物"的超脱相比，比较实际。正因为心中有物，

所以要禅坐习定，才能拭尘埃，这就是神秀渐修的宗旨。神秀的宗旨是虚中有实，所以要渐修勤拭以去掉心中的任何污染。但慧能的智慧是虚空无实，认为世间一切都是空的，包括人的心也是空的，所以主张"本来无一物，何处惹尘埃"，强调顿悟，可见慧能是佛家彻底的空观，也是佛学的最高境界。只须开悟即可，不必渐修勤拭，这就是北渐南顿的由来。

3.继承和发展了达摩楞伽宗

神秀极重视《楞伽经》，他的观心、净心、净染观点都来自于《楞伽阿跋多罗宝经》的"如来净除一切众生自心现流"。神秀在此影响下，提出勤拂拭，息贪妄，除尘染，以净心镜的禅理，从而形成了北禅的渐修才能彻悟的禅风，对北禅的兴盛和中国禅的发展都起到了巨大的推动作用。

（三）神秀北禅的影响

五祖弘忍的十大弟子：资州智诜，随州玄约，潞州法如，韶州慧能……而弘忍唯推神秀为上座。

神秀北禅在唐朝由于受到皇帝的敬重而盛极两京，神秀长寿至 101 岁，圆寂后，两大弟子普寂和义福又继续扬其宗风。长期的北渐南顿的相持，对中国禅的发展起到了巨大的推动作用。普寂和义福两大弟子都曾被唐皇召见，门下弟子甚众，连当时著名天文学家一行都是普寂的弟子。

慧能的弟子神会北上将慧能南禅传于北方，南禅的影响渐渐盛过北禅，但两宗依然相互依托，只是到了唐武宗灭法后，依附帝王寺院的北禅才迅速衰落下去，而以山林佛寺为主的南禅则飞跃发展壮大。北禅虽然衰落了，其禅理却经普寂弟子道璇推扬，传到了日、韩，为中国禅的东渐流传作出了贡献。

智慧启示

神秀是中国北禅的创始人，传五祖弘忍选衣钵继承人时，神秀偈文"身是菩提树，心如明镜台；时时勤拂拭，勿使惹尘埃"，慧能偈文"菩提本无树，明镜亦非台，本来无一物，何处惹尘埃"。五祖弘忍认为慧能已悟出佛学的虚空境界，而神秀还为心物所绊羁，从而认为神秀还达不到最高佛境界，遂将衣钵传给慧能，慧能从而得为六祖。南北禅从此发生北渐和南顿正统争执，从中也清楚可见佛学的最高境界是虚空。

五、神会

神会（684—758）是慧能的高徒。慧能圆寂后，北上在南阳传法十年后又到洛阳，法门大兴，修禅拜谒者众。

神会大力宣传传播慧能的学术，并与神秀的大弟子普寂论辩。他北上后，为扩大慧能宗派的影响，曾竭力宣扬五祖弘忍曾传法衣于慧能，确立慧能的六祖地位，并曾举办大型辩论会，形成南北禅宗的对立。安史之乱，神会度僧筹军饷，受到唐王朝的重视，被唐肃宗请入宫中，由此名气大盛。

神会与慧能一样，突出"无相无念无住"，"所言相者，皆是妄心"。心本无物，自性空寂，把佛学的空观悟到了极致，所以神会不愧是慧能的接班人，对中国禅思的发展起到了重要作用。神会的禅学是在继承慧能的顿悟基础上又提出渐修，并且不但重心性，更强调"真如""佛性"，使禅更与佛融为一体，对禅的发展起到了重要作用。

六、普寂禅师

普寂（651—739），俗姓马，蒲州河东（今山西永济）人，是北禅宗师神秀的第一大弟子。天资过人，精通易理，曾熟读《易传》十翼，并自学《法华经》、《唯识论》等。后赴荆州玉泉寺拜神秀为师，精修六年。并随神秀学习《楞伽经》，因尽得深奥而被神秀推为上首弟子。唐中宗时，神秀年事已高，遂推荐普寂代师统其法众，影响甚大，89岁圆寂，御制赐谥"大照禅师"，普寂对北禅的发展起到了很大的作用。

七、义福禅师

义福（658—736），俗姓姜，潞州铜鞮（今山西沁县）人，少年时代即学《法华经》，并四处求学，终于荆州玉泉寺拜神秀为师。十年苦学不辍，深得神秀赏识，后被请至京师，传法二十余年，求道者甚众，遂被请住持京城慈恩寺。十三年（725），唐皇东巡河洛，特令赴东都住福先寺，之后又回京师龙兴寺，沙门大兴，所向者日甚。79岁圆寂，制谥号曰"大智禅师"。义福禅师继承了神秀的禅理，在京师传播禅学和培养弟子，对北禅的兴盛和发展功不可没。

八、石头禅师

石头（708—790），唐代大禅师，即石头希迁禅师，早年曾学法于曹溪心法的行思禅师，后于衡山南寺的石头上结庵修行，故称石头禅师。

石头禅师的禅风十分质朴，投于行思门下时，行思曾问石头，你从曹溪来，得到什么了吗？石头回答：未曾失落什么，所以也未曾得到什么。曹溪又问：既是如此，那你到曹溪做什么？石头回答：若不到曹溪，又怎么知道不失？行思禅师大加赏识，认为石头禅师已开悟。

石头禅师与当时的马祖道一并盛，法门学僧颇重。石头禅师强调禅思和坐禅，主张"心空不碍白云飞"。突出修得心性空寂，即能法门无边。

石头禅师的禅学后经弟子们传入高丽，对中国禅的流传域外产生了影响。

九、马祖道一禅师

禅宗大派洪州宗的祖师，又称道一，是南岳怀让禅师的得意门生。马祖的弟子甚众，以开元寺为中心，云集弟子创洪州禅。主要禅理：即心即佛，非心非佛，平常心是道。主张道不用修、平常心、无造作。

唐贞元四年（788 年）圆寂，世寿 80。著名弟子有百丈怀海，百丈制定的"百丈清规"，对禅学的发展起到了巨大作用。

马祖主张顿悟，在洪州开元寺传法，其马祖道场十分兴隆，成为江南佛学中心，为禅宗的发展作出了重要贡献。

十、百丈怀海禅师

百丈怀海禅师是唐代著名禅师，是马祖法师的法嗣。因主要在洪州百丈修禅，故称百丈禅师。

百丈禅师和马祖、慧能等禅师的观点一致，认为自心即佛，佛本在心中，只要去除贪妄，佛即在自性中。主要功绩是制定丛林清规戒律，打破旧教规戒律，提出"百丈清规"，规定"一日不作，一日不食"的著名戒律，对禅的生存发展起到了重要作用。

百丈清规对佛教的发展起到了第二里程碑的作用，百丈对禅门的影响，不亚于慧能、马祖。

第五章
禅的著名公案、故事、语偈智慧

一、何谓公案

公案是著名禅师判断迷误是非的言行记录，是禅佛修心的重要内容。参公案的宗旨在于获得开悟。公案是文字禅的重要形式，弥补了南禅慧能时期不立文字的缺憾，对中国禅从不立文字到文字禅的发展产生了重要影响，也是中国禅发展的第三里程碑。

禅宗公案渊薮于《五灯会元》，它记录了禅宗各家的法语和机关，是禅宗最早的公案结集。此外还有《碧岩录》和《景德录》等书，也都收录了大量的公案、故事、语偈。

二、著名公案、故事、语偈智慧

1. 拈花微笑

世尊在灵鹫山上，拈花示众。是时众皆默然，唯迦叶尊者破颜微笑。世尊曰："吾有正法眼藏，涅槃妙心，实相无相，微妙法门，不立文字，教外别传，付嘱摩诃迦叶。"（《五灯会元》卷一）

2500 年前，在灵鹫山上，佛祖释迦牟尼说法，他拈起一朵花，不说话。大家都不明白佛祖是什么意思，这时唯有迦叶轻轻一笑。佛祖见了开口说：我有佛法，传予摩诃迦叶。接着把衣（金缕袈裟）和钵盂授予迦叶。

禅悟 ·····

这是著名的释迦拈花，迦叶微笑的故事，这个佛偈故事揭示了禅佛的起源，佛祖一言不发，只拈着一朵花，大家皆疑惑不解，唯迦叶开颜微笑。这一微笑象征佛心相印、以心传心，从此开创了不立文字、以心见佛的禅学。

2. 正法眼藏，涅槃妙心，实相无相，微妙法门，佛祖拈花示众……迦叶微笑……

世尊曰："吾有正法眼藏，涅槃妙心，实相无相，微妙法门。"

眼藏：即视若未视，万相与我合一，不再执著外相。

涅槃：指超脱有无境界，解脱生死，不生不灭，万法皆空。

实相：即万有皆空，因缘而成，无实空幻，实相即无相。

法门：证得微玄佛意于心性。

禅悟 ·····

这句来自佛祖最著名的佛偈，蕴含最高深的佛经禅理，即佛禅修法的目的在于修得万法皆空，万有皆无，正如《金刚经》所说："凡有所相，皆虚无。"从而超越世俗凡尘，解脱生死有无，达到苦乐皆空的境界。

3. 佛陀涅槃

"以无名无故，心无有起；以无起故，境界随灭；以因缘俱灭故，心相皆尽，名得涅槃。"（《大乘起信论》）

禅悟 ·····

涅槃原意息灭，也称为灭度、圆寂和解脱。禅悟是灵魂或精神已超脱肉身。即肉身（或形体）已死，但灵魂（或精神）解脱，已超度。这是禅佛修行的最高境界。意味着生死苦灭虽去了，但清净功德却在。

4. 达摩面壁

达摩是禅佛祖师，在嵩山五乳峰洞穴内面壁禅坐九年，成为佛教的经典故事。

达摩面壁：面壁双膝盘坐，两眼微闭，呼吸吐纳淡定，五心朝天。去除一切贪、嗔、邪恶念……定毕开定，起身吃饭，稍事歇息又坐禅定……如此在洞内不离不弃，坐禅九年，连洞壁都震撼了。九年的人壁相印，石壁竟留下了达摩的僧佛石影像。

禅悟 ....

达摩是天竺(印度)人，南北朝时期东渡中土(中国)，在洛阳、嵩山等地传法，通大乘佛法。宗《楞伽经》并广为传授。深受禅门爱戴，并被推为祖师。达摩面壁九年对中国禅的禅定、修心见性，产生了深远影响。

5. 慧可断臂

这是禅宗著名的故事。

慧可早年在洛阳龙门出家，之后追随达摩到少林寺，达摩在嵩山五乳峰洞内面壁坐禅，慧可合十侍立在后。但日久未得传法。达摩下峰归于少林寺，慧可也跟随其后。冬雪降临，达摩仍于亭内坐禅，慧可合十立于亭外雪地中。白雪没膝……

达摩于是问："汝久立雪中，当求何事？"

慧可答曰："惟愿和尚慈悲，开甘露门，广度群品。"(愿向佛师求法。)

达摩曰："诸佛无上妙道。……难行能行，非忍而忍。岂以小德小智、轻心慢心……"(指佛性非常，常人难得真传。)

慧可答曰："……"

慧可忽然抽出戒刀砍断了自己的左臂，鲜血染红了白雪……

禅悟 ....

慧可立雪断臂，"为法忘形"，感动了祖师达摩，终得其真传，受其衣钵，获赠《楞伽经》四卷，赐名慧可。之后慧可成为禅佛二祖。

这个经典求法故事说明了，禅门授传极为重视虔诚。佛家求佛所传的"敲骨取髓，刺血济饥，投崖饲虎，布发掩泥……"，都证实了禅门求法的这一精神。

6. 本来无一物

黄梅五祖寺住持弘忍大师因年事已高，想选受衣钵人，高徒神秀半夜在墙上写下：

> 身是菩提树，心如明镜台。
> 时时勤拂拭，勿使惹尘埃。

早晨，大家看了都很钦佩，认定五祖必将衣钵传于神秀。不料，一个不识字的烧火小僧徒却托人在对面墙上写下一偈：

> 菩提本无树，明镜亦非台。
> 本来无一物，何处惹尘埃。

弘忍见了，一言不发，却把衣钵传给了那个不识字的小僧徒。小僧徒接钵，怕有事就逃走了。这个不识字的小僧徒就是后来的六祖慧能。

禅悟 ···

慧能的这一短偈，是南禅的开山偈文，其深意在表达了佛禅的根本旨意：万法皆空。既是万有皆无，又何谈心镜惹尘埃。

7. 禅"无"

"无"是禅佛的空观，"无"是超越了世俗有无的无。

慧能的"本来无一物，何处惹尘埃"超越了神秀的"心如明镜台，莫使惹尘埃"，而受到五祖的青睐。

正是因为慧能对"无"已经彻悟，而神秀对"无"还留有余地，因其空观不透彻，所以未能得到五祖弘忍的认可。

8. 无心是道

司空本净禅师曰："若欲求佛，即心是佛。若欲会道，无心是道。"

曰："云何即心是佛？"

师曰："佛因心悟，心以佛彰。若悟无心，佛亦不有。"

曰："云何无心是道？"

师曰："道本无心，无心名道，若了无心，无心即道。"

光庭作礼，信受。

禅悟 ....

其深意是：身心本即是空，道亦穷原无有。凡所有相，皆是虚妄。若见诸相非相，即见其道。若以相为实，穷追不能见道。若了无心，自然契道。

9. 平常心是道

平常心就是自然心、自性心，而非刻意而为。平常心也即无住心，旨在解决当下。

平常心也就是真心，无所住心，所以人不能有痴心。总之，平常心即佛，平常心即道。

禅悟 ....

"平常心是道"，是马祖道一的学风。平常心就是超越取舍，归根结底就是即心是佛，无心是道。

10. 色即是空，空即是色

源自《摩诃般若波罗密多心经》，是大乘佛教的主要义理。色，不是女色之类，佛家认为是事物的现象。包括眼睛能见到的，或是见不到的。佛家认为世间万物皆虚幻。

空，是什么？佛家认为即使是眼睛当下看见的也是因缘的、无常的、因果的和轮回的。

禅悟 ··

色（万物）：事物的现象是虚幻的。

空：事物的本质是无有的。

总之，佛禅修持的最高境界只有八个字：万法皆空，万有皆无。这也就是色即是空，空即是色的深意。

11. 五蕴皆空，度一切苦厄

这是佛家修持的根本，禅家也一样。

五蕴：色、受、想、行、识。

色蕴：万物的表相（虚幻）。

受蕴：接纳事物（心性所受）。

想蕴：思想（心性所想）。

行蕴：行为（心性所动）。

识蕴：认识（心性所识）。

禅悟 ··

佛家认为，只有修持到万法皆空，万有皆无，方能除烦恼障，去贪妄，得六根清净，才能超度一切苦厄。

12. 无水也无月

我尽力将水桶保持完好，期望脆弱的竹子永远不会断裂。突然，桶底塌陷，再没有水，再无水中的月亮，在我手中是空……（出自千代野的偈子）

禅悟 ··

千代野禅师是这首禅偈的作者，她是日本禅宗史上最著名的尼师，也是第一位到日本传法的大觉禅师的弟子，京都尼寺五山景爱寺女众道场的开创尼师，并为中国禅在日本的发展作出了重要贡献。

千代野尼师出道前是日本绝色美女，因为貌美，几乎所有寺院都拒绝收她出道，因为怕她的美色把出家人的心扰乱了。于是她做出了惊人的举动，用烧红的火炭自毁了自己美好的容貌，这一举动震撼了来自中国的大觉法师，大觉法师终于为她剃度为尼，之后几十年的修禅都未得悟，后来却是在一天夜里，她重复着担水时，欣赏着竹桶里美丽的月亮。突然，竹桶破了，水洒一地，水没有了，水中的月亮也没有了。这一瞬间，千代野突然开悟：原来世间万物皆空……于是她写下了这首著名的禅偈。

13. 直指人心，见性成佛

久参渤潭，潭因问：禅师西来单传心印直指人心，见性成佛，子作么生会？

师曰：某甲不会。（《续传灯录》卷五）

禅悟 ....

这是禅经佛理的经典禅语。直指人心即直入本性，本性即本心。何谓见性？本无自性，性本空寂，更无有见。所以见性成佛，是修禅达到真无境界，即是见性；空无所见，即是成佛。但须去除贪、嗔、痴、慢、疑、恶见六根烦恼，去除一切执著，妄想。达到了见无所见，方是见，心性已空，方是佛。

14. 教外别传，不立文字

师问：只如古德，岂不是以心传心？

峰曰：兼不立文字语句。（《五灯会元》卷七）

禅悟 ....

这是禅宗的主要修持原则，不立文字是为了以心传心。不立文字来源于佛祖："吾有正法眼藏，涅槃妙心，实相无相，微妙法门，不立文字，教外别传，付嘱摩诃迦叶。"（《五灯会元》卷一）

禅佛最高境界是无实无相的，既不执著一切相，那当然不必执著文字这个实相，尤其既无心性，佛性，一切皆虚空，又何需文字、实相。这些皆是禅佛修持的超越和解脱。何况明心见性，本无心性，又何谈文字之立。如此，不是禅宗法门内者当然不得真传。

15. 马祖创丛林，百丈立清规

马祖道一禅师看到僧徒们拥挤栖身于正规寺庙中，便开创了丛林制度，从此，僧徒们便有了安身之处，丛林制度也为禅宗的生存和发展开创了新的局面。

百丈怀海禅师看到住处问题解决了，但吃饭问题若只靠化缘讨斋，难以保障生存，便决心自食其力，提出"一日不作，一日不食"的口号，开创了农禅生活。这就是著名的百丈清规。

禅 悟 ·····

两位大禅师的开创，解决了僧们的吃住难题。从此，僧徒们不再去乞讨，自食其力的中国禅进入了有史以来既不凡又平凡发展的历史时期。

16. 德山棒，临济喝

德山棒：

师常遇僧到参，多以拄杖打，临济闻之，遣侍者来参，教令："德山若打汝，但接取拄杖，当胸一拄。"侍者到，方礼拜，师乃打，侍者接得拄杖，与一拄，师归方丈……

师上堂曰："问即有过，不问又乖。"有僧出礼拜，师便打，僧曰："某甲始礼拜，为什么便打？"师曰："待汝开口，堪作什么？"

禅 悟 ·····

德山棒：

德山禅师以棒打接引学僧，当头棒喝是临济宗的开悟法门。这一禅风的深意在于反映禅学独特的直指人心，不立文字，自性不可言的机锋。

临济喝：

临济义玄禅师求佛于黄檗禅师时，曾经请教他："如何是佛法大意？"却三问三遭打。临济义玄禅师便去问大愚禅师："三问三遭打，不知过在何处？"答："黄檗恁么老婆，为汝得彻困，犹觅过在！"大悟云："原来黄檗佛法无多学。"

禅悟 ......

从此，临济禅师便以当头棒喝，激人猛醒为接引弟子的手段。棒打、呵斥成为禅门传法的一绝，要旨在于直指人心，不立文字，以心传心，自性不可言。

17. 棒喝顿悟

禅师接引学人多采用大喝或棒打之法，以示警醒顿悟。

《碧岩录》："直饶棒如雨点，喝似雷奔，也未当得向上宗乘中事……"

故后世有四喝八棒之说。

禅悟 ......

棒喝是禅门的教学手段，其禅机在于：直指人心，见性成佛，不立文字的玄机。目的是使学僧顿悟。

18. 一花五叶

"一花开五叶，结果自然成。"（《景德传灯录》）出自禅宗始祖达摩：吾本来兹土，传法救迷情。一花开五叶，结果自然成。

禅悟 ......

意指禅宗由达摩传入中国，之后形成曹洞宗（洞山良价和曹山本寂），临济宗（黄檗希运，临济义玄），云门宗（云门文偃），沩仰宗（沩山灵祐、仰山慧寂），法眼宗（清凉文益），是为一花五叶。也有人认为是六祖慧能南禅一花开五家七宗，如何泽系、青原系、南岳系等。也有人认为是法眼五叶，强调因果随缘自然而然。

19. 石巩张弓

这个公案故事是说义忠禅师来到石巩禅师的法席，却见石巩禅师朝他大喊："看箭！"

义忠禅师不但不惧怕，还拨开胸口说："此是杀人箭。活人箭又作么生？"

石巩禅师将弓弦弹了三下。

义忠禅师有省，便礼拜。

石巩禅师道："三十年张弓架箭，只射得半个圣人。"

说完将弓箭折断，扔在地上。

禅悟 ··

张弓搭箭是石巩禅师迎接弟子的特殊机锋，禅悟在于启示禅境佛理的返观自性，直指人心，见性成佛。

20. 放下

梵志两手持花献给佛陀。

佛陀说："放下！"

梵志放下左手的花。

佛陀又说："放下！"

梵志又放下右手的花。

佛陀仍说："放下！"

梵志不解，问："我两手的花都放下了，还有什么可以放下呀！"

佛陀说："放下你的外六尘，内六根，中六识，一时舍却，舍却到无可舍处，才是你安放生命的处所。"

禅悟 ··

这一段有名的禅语含有很深的哲味，这是得与失的辩证哲理，要真正得佛心，就必须五蕴皆空，那就必须妄念贪欲尽去，这就是放下。不仅要放下有形的花，更要放下尘世的贪欲妄念。同样禅理，禅录也记载了关于放下的不少公案。其深意皆在于放弃迷误执著，心中才能装得进佛性。

21. 渡女过河

故事讲坦山和尚和一个小和尚雨后来到一座桥旁，见桥已被冲塌，于是便撩起裤子准备涉水过河，忽见一年轻女子也来到河边正发愁过不了河。于是坦山和尚便主动背她过河，过了河后，就各自上路了。走了一段路，老和尚见小和尚欲言又止，便问他想说什么？小和尚忍不住终于开口了："师兄啊，我们出家人是不能亲近女色的，您刚才怎么还背那女子过河呢？"老和尚回答："我过了河就把她放下了，你怎么走了十里路还放不下呢？"

禅悟

这段故事的禅悟深意是色即是空，禅佛的放下，就是放弃迷执，而小和尚则是迷执不忘。

22. 倒水

故事讲一个和尚向禅师求禅。禅师一言不发，只往他的杯里倒水……

水杯已满，禅师还继续往杯里倒水，于是水从杯里溢到桌上，和尚忙问："师傅，水杯已满，怎么还往里倒水？"

禅师听了，停止倒水说："这个道理你已经懂了，还问我。"

和尚大彻大悟。

禅悟

学佛首先要清空，只有贪欲妄念去了，心清空了，才能装进新的东西。佛家为何强调要六根清净，就是这个道理，不去除贪妄，不保持心性的空寂，何谈明心见性，见性成佛？

23. 吃茶去

据《五灯会元》载：

赵州从谂禅师，一天，一僧人来参拜，师问新来僧人："曾到此间否？"答曰："曾到。"从谂法师道："吃茶去。"又问一新来僧人，僧曰："不曾到。"师曰："吃茶去。"后院主问禅师："为何曾到也云吃茶去，不曾到也云吃茶去？"师曰："吃茶去。"

禅悟 ··

这是禅门顿悟的机锋语录。"吃茶去"是赵州从谂禅师著名的开悟法语。一句简单的"吃茶去"被多次重复，其机关在于暗示深奥的禅悟就在这平常事中，而非刻意执著。佛就在平常心中，平常心即道。目的在于强调自己去参悟。

24. 麻三斤

僧问洞山："如何是佛？"山云："麻三斤。"（《碧岩录》）

洞山守初禅师，号宗慧，住在江西襄州洞山。一天，洞山在厨房量胡麻，有学僧来问他："如何是佛？"

洞山禅师回答："麻三斤。"

禅悟 ··

洞山禅师在量胡麻时，对学僧所问佛是什么的问题，随口答一句麻三斤，这并非指有关麻的实物，而是"直指人心"，启发学僧即心是佛，佛是什么，不能执著于外相。这是禅修的机关所在。

25. 万法归一，一归何处

"万法归一，一归何处"，是赵州禅师的著名禅语。

一僧问赵州："万法归一，一归何处？"

师云："我在青州作一领布衫，重七斤。"

禅悟

这是佛家空观的禅偈。佛归万物，万法归一，万法是世间一切万物及境相，万法是八万四千法门。"一"是什么？是佛家的空观。一归何处？归于当下，归于自心。其机锋在于破执著。用牛头不对马嘴的答案回答对方，表示对对方问题的不屑。

26.一切现成

此语出自法眼文益禅师和闽南桂琛禅师的对话。

桂琛禅师指着路边的一块石头问法眼禅师："万法唯识，不知这块石头在你心内还是心外？"

答曰："心外无法，当然在心内。"

又问："为何放一块石头在心内？"

答曰："佛法不是这样的。"

法眼禅师曰："某甲词穷理绝也。"

桂琛禅师曰："若论佛法，一切现成。"

法眼禅师于言下大悟。

禅悟

法眼禅师从此以"若论佛法，一切现成"为宗。一切现成，其深意是源本现成，关键在你会不会开悟。因为事物本来就有它自生自灭的规律。其实就是要人因缘、随缘而已。加之，禅佛认为万法皆空，万有皆无，既然一切皆虚幻，又何必执著过往，一切就在当下，这就是一切现成的禅佛深意。

27.桥流水不流

梁代著名禅师傅翕（今浙江义乌县人），众称傅大士有一著名短偈：

空手把锄头，步行骑水牛；

人从桥上过，桥流水不流。

这是傅大士的偈语，非常有名，其禅意在于暗示从桥上过的人的肉身，是瞬间即逝的，短暂的，桥下的流水才是长久的。暗示佛性心中留，佛法无边。

28. 风动幡动

慧能其后到了曹溪……到广州法性寺，正值住持印宗法师讲授《涅槃经》……时有风吹幡动，一僧曰风动，一僧曰幡动……议论不已。

慧能曰：不是风动，不是幡动，仁者心动。

众无语。

究竟是风动，还是幡动？其深意在于启示学僧佛法不二，即心即佛，只有返求自心，归于自性，静心自性才能有悟，切勿执著于外相。

29. "八风吹不动，一屁过江来"

故事讲苏东坡写了一首诗偈：

稽首天中天，毫光照大千。

八风吹不动，端坐紫金莲。

写毕十分得意，以为已悟禅理，于是派人送给江对面金山寺的禅师。谁知，禅师回送过来的竟是"放屁"二字，苏东坡大怒，立即乘舟前往理论，对面又送来一帖"八风吹不动，一屁过江来"。苏东坡遂恍然大悟，原来自己还是不如八风呀，就又返回了。

八风：称、讥、毁、誉、利、衰、苦、乐。

因为被八风所动，所以此行为不过是屁事而已！

30. 野狐禅

这是著名的禅宗公案。

原文：百丈和尚凡参次，有一老人，常随众听法，众人退，老人亦退。忽一日不退，师遂问："面前立者，复是何人？"老人云："诺！某甲非人也。于过去迦叶佛时，曾住此山，因学人问：'大修行底人还落因果也无？'某甲对曰：'不落因果。'五百生堕野狐身。今请和尚代一转语，贵脱野狐。"遂问："大修行底人还落因果也无？"师云："不昧因果。"老人于言下大悟。（《五灯会元》）

这段公案是讲百丈禅师每日上堂，都会看到一个老者也来听讲。一天，百丈禅师讲法结束了，大家都散去了，唯有这老者依旧坐着不动。百丈禅师奇怪了，便问他为何还不走。老者回道自己不是人，是一只野狐狸，五五百年前曾在此修行。有一天，一个学僧问：大修行还落因果否？我说不落因果，就是因为这句话而被惩罚变为一只野狐，今天请法师帮我转脱一下。次日，百丈禅师带领众僧到后山，果然在一洞穴中找到一只死去的大狐狸，斋后按亡僧礼火葬了他。

禅悟

禅宗最重因果律，这个老人居然否认因果（不落因果），结果遭到转堕为畜生狐狸的报应。此公案警示修法者万不可妄言。

31. 野云飞

源出善静法师语偈：竹密岂妨流水过，山高怎阻野云飞。（《景德传灯录》卷二十）

有一个和尚自以为已经学成，想出山云游了，便去向元安禅师求辞。元安禅师说："四面皆山，你欲何往？"和尚不悟其意，便心烦地走进了菜园子。正在锄草的善静和尚见状，便问："何故如此？"和尚把元安禅师的四面皆山告诉了他。善静和尚便念了"竹密岂妨流水过，山高怎阻野云飞"，和尚便把这句偈文告诉了元安禅师，元安禅师叹道，善静和尚有这高深的禅理都未打算出山，你还下什么山？

禅悟 ···

四面都是山，也能野云飞，世上无难事，只怕有心人，禅机在于要善于解脱和超脱，佛无止境。

32. 丹霞烧佛

师至慧林寺，遇天大寒，取木佛烧火向。院主呵曰："何得烧我木佛？"师以杖子拨灰曰："吾烧取舍利。"主曰："木佛有何舍利？"师曰："既无舍利，更取两尊烧。"（《五灯会元》卷五）

禅悟 ···

这是讲丹霞天然法师出行到洛阳慧林寺，因天极严寒便砍了殿上一尊木佛烧了烤火取暖，寺院主人见了大怒，斥他居然敢烧佛像。丹霞用拄杖在灰里挑拨说是取舍利。院主说木佛哪有舍利。丹霞说既然没有，那就无妨。禅悟在于应破佛像执著。无佛处作佛，佛在我心中，佛早已超越一切形物，岂在这木尊中？其深意仍然在禅佛的空观之中。

33. 南泉斩猫

南泉和尚因东西堂争猫儿，泉乃提起云："大众道得即救，道不得即斩却也！"众无对，泉遂斩之，晚，赵州外归，泉举似州，州乃脱履安头上而出。泉云："子若在，即救得猫儿。"（《碧岩录》第七卷）

禅悟 ···

南泉和尚因东西两堂的人争一只猫，便斩猫作一刀了断。普愿和尚回来闻之，一言不发，脱下鞋放在头上走了，暗示争小事必然误大事，本末倒置是也。

34. 磨砖作镜

一曰："师作什么？"

师曰："磨作镜。"

一曰："磨砖岂能作镜邪？"

师曰："坐禅岂得成佛邪？"（《景德传灯录》卷五）

禅悟 ···

砖再磨也不能成镜，比喻徒劳无功。坐禅也一样，不能得要领，也等于白白坐禅。怀让和尚开导说："如牛驾车，车若不行，是打车对，还是打牛对？"禅并非坐禅可得，佛也是非定相的，关键是领悟禅理，而不在于形式，更不必去迷执外相。

35. 玄觉一宿

故事载于《景德传灯录》。

玄觉和尚去曹溪拜六祖慧能，他按常礼绕慧能三圈却不礼拜。慧能不悦，便说：出家做和尚，应身具三千威仪，心念八万细行，为何如此傲慢！

玄觉回道：生死事大，无常迅速。

六祖慧能听了说：何不体取无生，了无速乎！

玄觉回道：体既无生，了本无速。

慧能听了心悦，赞道：善哉，善哉！

··········

玄觉留宿一日，次日便走了。

禅悟 ···

玄觉仅一个晚上就豁然而悟"体既无生，了本无速"（体会原本就在自心中，不是才产生的，明了也无时速可言），所以住一宿足矣。这段禅语体现了禅佛的空观，即超越生死，超越时速，甚至了悟都无须执著，一切佛法皆在自性中，正是"一性圆通一切性，一法遍含一切法"的禅义。

36. 俱胝断指

俱胝和尚凡有诘问，惟举一指，后有童子，因外人问："和尚说，何法要？"

童子也竖起一指。胝闻，遂以刃断其指，童子号哭而去。胝复召子，童子回首，胝却竖其指，童子忽然领悟。(《曹山语录》)

 **禅悟** ....

　　俱胝和尚凡回答人的提问时竖起一指头，小弟子也照搬，凡是有人问他，便竖起一指头。俱胝和尚听说后，便去问，小童子学他竖起一个指头，俱胝和尚便用刀切断了童子的指头，童子大哭而去。俱胝和尚叫他回头，小童子回头一看，自己举起的指头没有了，顿时大悟。

　　小童子悟出了什么？悟出了他师傅的"色即是空"。这就是禅经著名的"一指禅"，从现实观点来看，这叫鹦鹉学舌。别人的就是别人的。即心才是佛。斩断的不是指头而是执著。

37. 归宗斩蛇

　　师铲草次，有讲僧来参，忽有一蛇过，师以锄断之。僧曰："久向归宗，原来是个粗行沙门。"

　　师曰："你粗？我粗？"

　　曰："如何是粗？"

　　师竖起锄头。曰："如何是细？"

　　师作斩蛇势。曰："与么则依而行之。"

　　师曰："依而行之且置，你什么处见我斩蛇？"

　　僧无对。

(《五灯会元》)

 **禅悟** ....

　　智常禅师在锄草，一个讲经的过来请教他，这时，忽然爬来一条蛇，智常见了一锄头把蛇斩成两段。那个讲经的和尚见了说，原来你不过是一个粗鲁的人。智常禅师反问他，我俩究竟谁粗？讲经者也反问打蛇的禅师什么是细？虽然禅道是超越是非善恶粗细的，但智常法师还是举起锄头作斩蛇的姿势，意在启示讲僧出家人不应杀生，但是刚才不杀生，蛇就会咬我们，可见，杀生不杀

生关键取决于杀生的当下目的，所以智常禅师又补充了一句："你什么处见我斩蛇？"僧无言以对。

38. 盘山肉案

有一天，盘山宝积禅师一日于街市见人买肉，曰："精底（好肉）割一斤来！"屠家把刀啪地一声放在肉案上，叉手曰："长史！哪个不是精的？"宝积禅师一听，忽然有省。（《五灯会元》）

 禅悟 ………………………………………………………………

"心若无事，万法不生"，心即是佛。此公案中的精肉、非精肉皆是著相。摆脱著相，无染无著，才入玄机，方能悟佛。

39. 赵州洗钵

此公案记载于《景德传灯录》卷十。

僧问赵州禅师，某甲乍入丛林，乞师指示。

僧问：如何是佛？

赵州禅师曰：殿里底。

僧问：学人迷昧，乞师指示。

赵州禅师云：吃粥也未。

僧云：吃粥了。

赵州禅师云：洗钵盂去。

其僧省悟。

 禅悟 ………………………………………………………………

念佛、吃粥、吃完了粥去洗钵……这些都是日常生活的平常事，意即启示佛经禅理的平常心就在平常事中，不必刻意去找寻深奥道理。禅就在平常中，即平常心是道。

40. 龙潭灭烛

一夕于室外默坐。龙（龙潭禅师）问："何不归来？"师（宣鉴禅师）对曰："黑。"乃点烛与师，师拟接，龙便吹灭。师乃礼拜。龙曰："见什么？"曰："今向去，不疑天下老和尚舌头也。"（《五灯会元》）

禅悟 ....

宣鉴禅师怕天黑，龙潭禅师递给他烛，却又吹灭了烛，宣鉴禅师当即开悟。原来，禅如一盏灯。只要心堂明亮，便不畏堂外之暗。此乃禅直指人心的开悟法是也。

41. 鸟窠吹毛

这是关于鸟窠和尚的著名公案。有一天，会通和尚向鸟窠（道林）法师辞行，鸟窠禅师问他到哪儿去，答曰："往诸方学佛法去。"

鸟窠禅师从自己衣服上拈起一根布毛，吹之。会通豁然。

禅悟 ....

人人皆有佛性，佛性就在身旁，如同自己衣服上的布毛一样。人人皆有，何苦远求！会通和尚立刻彻悟，原来平常心即是道，即心是佛。学佛不必执著去求实相，佛即在本心中。从此他哪儿也不去了，就在原地专心修禅。

42. 万古长空，一朝风月

有僧问崇慧禅师："达摩祖师未到中国时有无佛法？"崇慧说："未来时的事暂且不议，如今的事怎么做？"僧人不解，又说："请大师指点。"崇慧禅师说："万古长空，一朝风月。"（《五灯会元》卷二）

禅悟 ....

这是指佛法是万古长存的，而自己的感悟只不过如一朝风月一样，无非是当下一时而已。旨在言佛法无边，修禅无止境。

43. 寸丝不挂

温州净居尼玄机，……常习定于大日山石窟中。一日忽念曰："法性湛然，本无去住……"乃往参雪峰（禅师）。峰问："甚处来？"答曰："大日山来。"峰曰："日出也未？"师曰："若出则溶却雪峰。"峰曰："汝名什么？"师曰："玄机。"峰曰："日织多少？"师曰："寸丝不挂。"遂礼拜退，才行三五步，峰召曰："袈裟角拖地也。"师回首。峰曰："大好寸缕不挂。"（《五灯会元》卷十七）

禅悟 ··

这是玄机比丘尼与雪峰禅师的一段对话。一丝不挂，禅的深意在于已彻底解脱对外相的执著。玄机尼是个极聪明的人，之前，雪峰禅师曾问她从何而来，她回答从大日山来，雪峰问："太阳出来了没有？"她回道："如果太阳出来了，还不把雪峰化了？"意即那我还来请问谁呢？雪峰一震，觉得她不凡。

第六章

著名佛经

佛教有三藏十二部经、八万四千法门，典籍可谓浩如烟海，因此，古人有"阅藏知津"之说。

《心经》、《金刚经》、《坛经》在佛教中的地位就像儒家的经典《论语》、《孟子》、《荀子》。它们的影响渗透到佛教的骨髓里。因此，了解佛教，阅读佛教经典，无论如何绕不开这三部经典佛经。

值得一提的是，《坛经》是完全本土的佛教经典，体现了中国式佛教的精髓，对后世中国佛教和文化的影响十分深远。

第一节 《心经》

《心经》是最著名的佛经之一，是《大般若经》的心旨。其核心理论为照见真空实相，证得无上菩提。主要内容为显说般若及密说般若，也即经、咒两部。显经以佛学空理论为主，主要包括照见五蕴（色、受、想、行、识）皆空、十二因缘（三世六轮、因果作业）以及四谛论（苦、集、灭、道）。密咒则是佛经"五不翻"内容之一。

一、佛门必读经书《心经》

《心经》为佛教《大般若经》的心旨，因为是佛家的经旨心要，故曰《心经》。《心经》全文仅260字，文字凝练，言简意深，为佛学入门之经典，核心理论为照见真空实相,证得无上菩提,成为"觉有情"及获得大智慧菩提萨埵(菩萨)。

《心经》全名为《般若波罗密多心经》,又称《摩诃般若波罗密多心经》,中文译本主要为唐三藏法师玄奘奉诏译,大明天界善世禅寺住持僧宗泐与演福讲寺住持僧如玘奉诏同注。

《心经》乃皈依佛门必读之经书,内容总分为显说般若和密说般若,即经与咒两部分,最后一段为著名的般若波罗密多咒。经是显咒,咒是密经,经咒合书,显密皆施是佛经书的特点。

《般若波罗密多心经》论证了从众生到佛的修持法度,包含着佛经的主要旨义,是重要的佛教文献。

二、《心经》浅解

原文:

观自在菩萨,行深般若波罗密多时,照见五蕴皆空,度一切苦厄。

舍利子! 色不异空,空不异色,色即是空,空即是色,受、想、行、识,亦复如是。

舍利子! 是诸法空相,不生不灭,不垢不净,不增不减。

是故空中无色,无受、想、行、识;无眼、耳、鼻、舌、身、意;无色、声、香、味、触、法;无眼界,乃至无意识界;无无明,亦无无明尽,乃至无老死,亦无老死尽;无苦、集、灭、道,无智亦无得。

以无所得故,菩提萨埵,依般若波罗密多故,心无挂碍。无挂碍故,无有恐怖。远离颠倒梦想,究竟涅槃。三世诸佛,依般若波罗密多故,得阿耨多罗三藐三菩提。

故知般若波罗密多,是大神咒,是大明咒,是无上咒,是无等等咒,能除一切苦,真实不虚。

故说般若波罗密多咒,即说咒曰:揭谛,揭谛,波罗揭谛,波罗僧揭谛,菩提萨婆诃!

(一)《心经》的主要观点

1.般若波罗密多心经

般若:为梵语(Prajña),意思为智慧。佛家的智慧指照了实相之智慧。

波罗密多:波罗,彼岸;密,到;多,上;波罗密多,即度到彼岸(涅

诸法空相

槃彼岸），波罗密又为度到彼岸之乘筏。《智度论》曰："诸菩萨从初发心，求一切种智，于其中间知诸法实相慧是般若波罗密。"涅槃，又作泥洹、泥畔，乃灭、寂、不生之义。《大乘义章》曰："灭烦恼故，灭生死故，名之为灭。离众相故，大寂静故，名之为灭。"这里的"寂"指空寂无为，安然圆寂，无相无为。《涅槃经》曰："灭诸烦恼，名为涅槃，离诸有者，乃为涅槃。"涅槃境界指已达到超度生死，出世忘忧，圆融无碍的境界。

心：般若心，"断除妄心显发本性"。人人皆有般若心。

经：法也；法，梵曰达摩，为通于一切之意。《唯识论》曰："法谓轨持。"持，修持。经，即指修持之法度。

般若波罗密多心经，即通过智慧，超脱生死困苦的修持法度。

单法：指般若波罗密多。

实相：指三谛，即空谛为真如，假谛为实相，中谛为法界。相指事物之形状。《大乘义章》三本曰："诸法之体状，谓之为相。"包括生、住、异、灭（起、安、衰、坏）四相。实相即诸法空相，法，实者非虚妄之谓，相者，无相也。《涅槃经》四十："无相之相，名为实相。"《教行信证证卷》曰："无为法身即是实相，实相即是法性，法性即是真如，真如即是一如。"真如与实相同体而异名，真如谓之真实如住（如常不变）。《成唯识论》卷二曰："真谓真实，显非虚妄，如谓如常，表无变易，谓此真实于一切法，常如其性，故曰真如。"

2.观自在菩萨，行深般若波罗密多时

观自在菩萨：指修持般若的菩萨，也即著名的观世音菩萨。

行：修持。

般若：《智度论》曰："秦言智慧，一切诸智慧中，最为第一，无上无比无等，更无胜者。"智慧者，梵语若那，《大乘义章》曰："照见名智，解了称慧。"般若译作慧。深般若，达到实相般若境界。

3.照见五蕴皆空

五蕴：蕴，积也，又为阴（因能遮蔽真性故曰阴），亦为"众"之义。五蕴，一指色蕴，二指受蕴，三指想蕴，四指行蕴，五指识蕴。

蕴，包括五根五境等有形物质。五根指眼耳鼻舌身，根乃"生"之义，如眼根对色境生眼识，意根对法境生意识。境，一般指六根清净，即色、受、想、行、识，眼、耳、鼻、舌、身、意六根断妄念邪想，除六根罪垢，建立六根"生"的无量功德，"各发无碍之妙用"。六根能生六识。

皆空：指色、受、想、行、识皆空，即遁入空门之义。

远离颠倒梦想

4.度一切苦厄

度：超度，解脱。

苦厄：指生死离别、疾病灾难等一切人间烦恼，三苦八苦皆三界生死之忧患。无量众生包括老、病、死三种身苦，贪、嗔、痴三种心苦，地狱、饿鬼、畜生三种后世苦。

度一切苦厄的目的在于渡过生死苦海而到达涅槃彼岸，即达到自在圆融、慧悟的无上菩提境界。

5.舍利子，色不异空，空不异色，色即是空，空即是色，受、想、行、识，亦复如是

舍利子：佛家修持者的名称，系佛家弟子的称呼。

色：《大乘义章》曰："质碍名色。"指质变坏之义。

空：指万物非真有，乃因缘（条件）所生（而产生）之义。佛家认为万物皆无真实体，所谓自性真空。正如《维摩经·弟子品》所说："诸法究竟无所有，是空义。"

色即是空，空即是色：佛家认为万物皆无实体，也即五蕴皆空，无非因感受而存在之义。

受、想、行、识，亦复如是：指受、想、行、识四蕴也和色蕴一样，是空。这句话是般若真空的总旨。

全句言色空不二，色与空之间是圆融无碍的，色中有空，空即是色，诸法因缘（意识）起，虽有实相种种，内中却蕴真空，缘起性空，性空缘起，最终皆空。色与空的关系犹如人与影子，也如镜子与镜中的人，似有似无，似是而非，二者不离。

6.舍利子，是诸法空相，不生不灭，不垢不净，不增不减

法有二义，一为自体为法，即有形者有有形者的自体，无形者也有无形者的自体，真实的有真实的自体，虚妄的有虚妄的自体，小者有小者的自体，大者有大者的自体，总之各有各的道理，这就是法，即各种各样的事理，就称之为诸法；"法"的第二个含义是轨度之义。故《大乘义章》曰："法者……泛释有二，一自体为法，二者轨则名法。"

诸法空相：相，《大乘义章》曰："诸法体状谓之相。"即一切物品，无论存在着的或想象中的皆谓之相。相包括四相：即生相，生事物；住相，安事物；异相，衰事物；灭相，坏事物；指万物"生住坏灭"（或"成住坏空"）。诸法空相即言一切事理都是空的，不是真实存在的，故佛家认为"诸法无生无灭"，"诸法不自生，亦不从他生"。空相即"真空实相"。

不生不灭，不垢不净，不增不减：指诸法（包括五蕴）即是真空实相，无生无灭，那么当然也就不存在垢净增减。

7. 是故空中无色，无受、想、行、识

即万事万物皆为真空实相，因此也不存在实在的五蕴——色、受、想、行、识。

（二）其余理论

1. 无眼、耳、鼻、舌、身、意，无色、声、香、味、触、法

眼、耳、鼻、舌、身、意谓之"六根"，色、声、香、味、触、法谓之"六尘"，合称"十二入"。万物既为真空实相，那么五蕴六根既无，又谈何六尘？

2. 无眼界，乃至无意识界

十二入"六根六尘"，亦为"十八界"，即六根六尘六识，也即眼、耳、鼻、舌、身、意六根分别与色、声、香、味、触、法六尘相对应，六根为内界，六尘为外界，六识（眼识界、耳识界、鼻识界、舌识界、身识界、意识界）为中界。意在强调六根清净，六尘自然无染。

3. 无无明亦无无明尽，乃至无老死，亦无老死尽

由于佛教对事物的认识是真空实相，因此，一切都空，包括十二因缘都是空。所谓十二因缘，即十二缘起或十二有支，是讲因果轮回，即所谓"众生涉三世而轮回六道之次第缘起也"。包括：

一曰无明，无烦恼，谓前世无恶故今世无恼；

二曰行，造作诸业，指今世的善恶行为因缘于前世的功德与罪孽；

三曰识，指今世之妄念因缘于胎中；

四曰名色，指今世形体受造于投胎之中；

五曰六入，指今世六根成造于胎中；

六曰触出，指胎后六根被六尘所染；

七曰受，指领受人世间的善恶意识；

八曰爱，"谓贪染五欲等事"；

九曰取，"谓于诸境生取著心"；

十曰有，"谓有漏之因，能招未来之果"；

十一曰生，"谓受未来五蕴之身也"；

十二曰老死，"谓未来之身既老而死"。

以上为十二因缘三世因果关系，其中一、二支为前世之因所作；三至五支为现世所得之果；八至十支为现在所作之因，能影响来世之果；十一、

心无挂碍

十二支为影响来世之果。所谓"盖既见现在之惑业，由现在之苦果而生，则知过去之惑、业、行亦从过去之苦果而生，既见现在之苦果，生现在之业，则亦知未来之苦果，生未来之业。上溯之，则过去之惑业，更从过去之苦果而来，下趁之，则未来之苦果更生未来之惑业，过去无始，未来无终，此为无始无终之生死轮回"，总之无非惑、业、苦三道。由于生死总根源在于无明，然后行灭、识灭，终至老死尽灭，这就是十二因缘流转生灭之义。

4. 无苦、集、灭、道

四谛又叫四真谛（即至极之理）。正如《涅槃经》所言：苦集灭道，是名四圣谛。一曰苦谛，为三界苦报，属迷果，为世间因果。二曰集谛，指所积累的贪妄烦恼及善恶诸业，为苦果或甜果，为世间因果，是为苦难的起因，包括贪、嗔、痴三毒。三曰灭谛，即涅槃，灭惑业而离生死之苦，得到解脱，为悟果，出世间因果。四曰道谛，指八正道（正见、正思、正行、正业、正命、正精进、正念、正定），通于涅槃彼岸之道，为出世间因果。

四谛的要义在于"离苦得乐"、"知苦断集"、"慕灭修道"。

5. 无智亦无得

指人法皆空。大乘菩萨以智照境，既无五蕴及四谛诸法，即是"人法皆空，境智俱泯"。

6. 以无所得故，菩提萨埵，依般若波罗蜜多故，心无挂碍，无挂碍故，无有恐怖。远离颠倒梦想，究竟涅槃

菩提，为"觉"之义，即觉悟，即断所知障以及能断烦恼障，而证得涅槃之义。《度智论》曰："菩提，秦言无上智慧。"求正觉之心谓之菩提心，也就是《大日经疏》所说自净心。

菩提萨埵即菩萨，释为"觉有情"，即获得觉悟，自觉觉他，自利利人，能普度众生的佛。又曰道心众生，求道求大觉之人，已达"自利利他"之觉情，如《大乘义章》十四曰："菩萨胡语，此方翻译为道众生，具修自利利他之道，名道众生。""觉有情"之义，《佛地论》还释曰："具足自利利他大愿，求大菩提利有情故。"指能进入菩提涅槃之佛，必依般若波罗蜜多之法，即必须皈依般若法门修持，去除生死、烦恼、妄念障，"三障既空三德乃显"，而究涅槃境界。

涅槃，梵语摩诃般涅槃那，即到达大灭度的境界。所谓"大灭度"，大即法身（生死），灭即解脱（结业），度即般若（烦恼），此三者，迷惑之则为三障，超脱之则为三德，所谓"譬如磨镜，垢尽明现"。

无有恐怖

7. 三世诸佛，依般若波罗密多故，得阿耨多罗三藐三菩提

三世指过去世（昨世）、现在世（今世）及未来世（来生），佛家强调三世因果，六转轮回。

阿耨多罗三藐三菩提，指无上正等正觉。正觉即梵语三菩提，谓如来之实智，即一切诸法之真正觉智，成佛也称成正觉。如《法华玄赞》曰："三云正，菩提云觉。"三菩提，一为事菩提心，指断所知障而知诸法之一切种智；二为理菩提心，指断烦恼障而证涅槃的一切智；三为法菩提心，即法门无尽，愿求觉知无尽之佛门也。所以"一切诸佛莫不皆修般若得成正觉也"。

8. 故知般若波罗密多，是大神咒，是大明咒，是无上咒，是无等等咒

以下为《心经》的密教部分。本段文字以上为显说般若，此为密说般若。密咒为佛经的主要内容之一，是很显神力的，包括咒、真言及密语。

咒称为陀罗尼，是佛经"五不翻"的内容，主要作用为消灾、降伏、增益、祈愿。咒的种类很多，以繁简而分有大咒、小咒及一字咒（心咒）；以性质而分有火界咒、心咒、慈救咒；以神力而分有消灾咒、降魔咒、祈愿咒。总的宗旨是普济众生，消除业障，脱离苦海，成就无上佛果。本经尊称的大神咒、大明咒、无上咒、无等等咒都是佛菩萨普度众生的心咒，其中能破魔障降妖的称为大神咒，能灭暗昏时照见大光明的称为大明咒，能显佛义至理的称为无上咒，奇绝无比的称为无等等咒。

咒语：

揭谛，揭谛，

波罗揭谛，

波罗僧揭谛，

菩提萨婆诃！

译文：

度去吧，度去吧，

度到彼岸去吧，

众生都度到彼岸去吧，

快快来成就无上佛菩提吧！

此咒为佛菩萨广济众生超度的大慈大悲的心声。《法华经》疏曰："或云咒者，如军中密号……佛菩萨说咒，愿诸众生皆如我之得成正觉，能诵此咒者，则所愿无不成就也。"

三、显密并举的《心经》

《心经》共计 260 字，全经分为显、密二部。显部从"观自在菩萨"至"得阿耨多罗三藐三菩提"；密部从"故知般若波罗密多"至"菩提萨婆诃"。显密二部各含蕴义。

（一）显经提要

1.佛学空理论的论述

（1）照见五蕴皆空。指色、受、想、行、识五蕴皆空，故为"缘起性空"，亦即"诸法由因缘而起"。就是说佛教认为，世间万事万物非自存在，都是因缘（条件）而起（发生）的，也即因一定的关系和条件而存在的，这是佛学"空"理论的最基本之处。

色，指物质。眼、耳、鼻、舌、身为五根，色、声、香、味、触为五境，五根和五境相作用产生的感受、印象、思维、了别都是因缘而起的，即"缘起性空。"

就是说眼睛所看到的（眼识），所领受的（受识），所行为的（行识），心所想到的（心识），即一切形象、意想、行识、认识皆由眼耳鼻心所"起"，为空的基本奥义。

（2）色即是空，空即是色。色，代表物质；空，为"缘起性空"，"自性真空"，即认为万物皆无自性实体（"性空"），是"缘起"之故，即是因一定的条件而存在的，就是认为物质因意识而存在。

色与空的关系即万物似有非有，似无非无，无中似有，有中似无，一切因"缘起性空"是也。

（3）诸法空相，不生不灭。法，指世间万事万物。相，物质的形象和意相。"诸法空相"即"真空实相"，指万物不是真实存在的，即自性空（真空）；而是通过人的五根眼耳鼻舌身（感觉）和心（意识）的作用而产生的，故又有其实相。这就是"诸法自性空"之义。由于是"性空实相"，即本质是空的，只有外相存在，因此也就不可能存在生、灭、增、减、垢、净。

2.十二因缘理论

十二因缘即十二缘起，包括无明缘、行缘、识缘、名色缘、六入缘、触缘、受缘、爱缘、取缘、有缘、生缘、老死缘，是三世六轮、因果作业的理论渊源，指昨世、今世与来生，三世之间善恶都是因果相续的。即十二缘起都是惑、业、苦的因果关系所致。总之，今世的苦果是因缘于昨世的惑业，现在的惑业又招致来生的苦果；即三世惑业，互为因果。目的在于要行善断恶。

3.四谛论

四谛八正道是大乘佛学的要旨，是超度彼岸的乘筏。

四谛：苦、集、灭、道，谛即真谛、真理。苦谛指人间存在的痛苦，集谛讲痛苦产生的根源，灭谛言消灭痛苦，道谛指解脱痛苦的方法。

八正道即道谛，指正见、正思、正行、正业、正命、正精进、正念、正定，为修持证得圆满涅槃的正道。

以上为显经奥义，论述了告诫众生超度至涅槃境界的法门。

（二）密经提要

密经部分是密咒传佛之心旨。

密咒是佛经"五不翻"之一，因为奥深义博，只能心领神受，不能言传尽意，是菩萨从心底里倾注而出的呼唤，因大慈大悲功德无量，故修持者必受益无穷。

揭谛，揭谛，波罗揭谛，波罗僧揭谛，菩提萨婆诃！

此咒为《般若波罗密多心经》的要旨，是入佛门的阶梯，乃众生必修之经。

智慧启示 ··

《心经》是佛学重要经典，全文言简意深，概述了佛教的主要心旨，是学佛必诵之经，也是皈依佛门的入门经典。

第二节 《坛经》

《坛经》是中国佛教禅宗的经典，集中体现了六祖慧能的主要思想，是学佛必修经典之一。

《坛经》的主要理论是"直指人心，见性成佛"；核心理论是空观，即"本来无一物"，"凡所有相，皆是虚妄"；修炼的宗旨是"菩提"，即"觉悟"。

在修炼方法上，主张顿悟。悟是禅的根本，是禅的灵魂，没有悟性便没有禅。"不立文字"是该经的宗旨；不执著文字，是为了直接接触事物而不受文字干扰。

一、禅宗经典《坛经》

《坛经》为六祖慧能的思想荟萃，由六祖的弟子们编汇而成，又称《六祖坛经》，是中国佛教禅宗的著名经典著作，是禅宗的"宗经"和主要理论，也是修持禅的必读之书。

《坛经》最早的版本为敦煌唐写本，1.2 万字，现收藏于英国伦敦。日本藏有宋本《坛经》。明本《坛经》则有 2.4 万字。其实，真正独立的《坛经》本子，不外乎敦煌本（法海本）、惠昕本、契嵩本和宗宝本这四种，其余的都是这四种本子的一些不同的翻刻本或传抄本而已。

中国禅宗虽与印度禅有宗传关系，但在禅的境界上，已远远超出于印度禅那。《坛经》作为中国禅宗的经典著作，包括禅的旨意和修持方法。其主要思想在世界观方面，承续了《金刚经》的空观，认为一切都是"本来无一物"的；在修持观方面，突出"一切众生，皆有佛性"，"直指人心，见性成佛"，主张人人皆可自我解脱，还强调"不立文字"，重视亲身实践以及"顿悟"。

总之，《坛经》是中国禅宗的代表著作，包含着禅宗的基本思想，对禅宗的发展有深远的影响。

二、《坛经》的基本思想

（一）空观

> 菩提本无树，明镜亦非台。
>
> 本来无一物，何处惹尘埃。
>
> ——六祖慧能诗偈

这是《坛经》的核心思想，即"本来无一物"，亦即客观世界和主观世界都是"空"的。这首诗偈是禅宗六祖慧能从师于五祖弘忍时的绝颂，蕴含着禅宗佛学的最深旨义——空观。慧能的空观和他受《金刚经》的影响有一定关系。慧能皈依弘忍，就是因为在街上听到有人诵《金刚经》，投奔弘忍后又听受弘忍讲《金刚经》；因此慧能"空"的比较彻底，不但客观世界空了，连主观世界（心）也"空"掉了。

本偈中的"菩提"，梵语 Bodhi，译为觉、觉悟之义。觉境指能断一切烦恼障而达涅槃悟界，也就是能破一切所知障而达智慧境界。这是佛家修持的最高境界，故慧能说"菩提本无树"。

"明镜亦非台"，明镜指菩提心，即佛性，是修道后了悟正觉的境界。慧能还提出"心原是妄"的观点："若言著心，心原是妄，知心如幻，故无所著也。"即言生灭心实际是妄心，是虚幻的心，所以是看不到的。

慧能的"本来无一物"突出一个"无"字，和神秀的"心如明镜台"是相对的，和《金刚经》"凡所有相，皆是虚妄"则一致。即不但认为客观世界（物）是"空的"，即使主观世界（心）也是空"无一物"的。

佛家的"空"，并非真空虚无，而是指不执著，不被色（物质）界所束缚。空观就是要解脱色界的束缚，因此慧能的心和物是一元的，正如道元禅师所说："心者山河大地也，日月星辰也。"

慧能的诗偈，代表了禅宗的空观思想，是南禅顿悟的理论基础。

（二）心性观

达摩强调"直指人心，见性成佛"，而"以心传心，当令自悟"则是《坛经》的核心思想之一。

禅宗认为心即自己，性即佛，一切佛性就在自己心中，人本来就具有佛性，只不过是被烦恼、欲妄所绊羁而已，了悟一切佛性靠自我，自己就是本心的主宰，没有必要去外面寻找，否则便是"骑着马找马"，越找越远。禅宗强调自我修持，直指人心，就是要单刀直入地了悟自性的我，要善于内观反照，直接步入事物自身，不要被外物污染。万法都在人的心中，所以说"见性成佛"，也就是"一切众生悉有佛性"，"万法尽在自心，何不从心中顿见真如本性"？

当然，自性真空，并非心全空了，而是指不执著于外物相，有自性的心，一切都由心决定。也就是《坛经》所说："心生种种法生，心灭种种法灭"，"心不染著，是为无念"。即自心不执著于外物（即超越物我），就能不生不灭，就能断烦恼，离尘染，度生死，这就是佛性。佛性（了悟、觉慧）决定于自性，这就是"直指人心，见性成佛"的真意。正如《坛经》所说："故知万法尽在自心。"

少年道信找三祖僧璨请求帮助解脱，说："请大师慈悲，教导我解脱的法门！"

僧璨问："谁绑了你？"

小沙弥回答："没人绑我呀！"

僧璨说："既然没人绑你，你还要求什么解脱法门！"

自性真空

道信从此大悟，后成为禅宗四祖。

这个故事说明万法在我心中。

禅宗虽然重视心，但也并不执著于心。慧海禅师曰："心无形相，非离言语，非不离言语，心常湛然，应用自在。"祖师云："若了心非心，始解心心法。"即言禅宗的心是无形无相的，心通过语言表达，却又不局限于语言，心既是心，又不是心，总之，既"直指人心"，又不执著于心，才是真正的禅心。

（三）"不立文字"观

不立文字，教外别传。——达摩语

不用文字，人不合言语，言语即是文字。——《坛经》

禅宗"不立文字"的本意是以心传心，心印相通，并非不识经文。因为文字虽然是思想的表达，但文字毕竟是有限的，多了反而易远离心性，因此不应执著于文字相。不立文字实质与"直指人心，见性成佛"相对应，表示真正的佛法在于心传。

"三世诸佛，十二部经，在人性中本自具有，不能自悟，须求善知识，指示方见。若自悟者，不假外求。"意即佛性本来就在人心之中，根本不必依靠文字，根本在于自悟。否则，"若起邪迷，妄念颠倒，外善知识虽有教授，救不可得"。

其实，"不立文字"首先起源于佛祖释迦牟尼在印度的一次法会。据《大梵天王问佛决疑经》记载，释迦牟尼在灵鹫山上说法，手拈一朵花遍示诸众。众皆茫然，唯有摩诃迦叶会心而笑。佛祖于是说："吾有正法眼藏，涅槃妙心，实相无相，微妙法门，不立文字，教外别传，付嘱摩诃迦叶。汝当善护持之。"尽管这个故事在《大藏经》中找不到依据，但却是南禅传教的真实写照，是南禅的教魂。

《景德传灯录》中记载达摩说："如我所见，不执文字不离文字而为道用。"只有不依赖文字，才能发挥自己的感应。慧能在一次法会上宣布自己将不久于人世时，众僧皆悲伤大哭，只有神会不哭不泣，神情不变，因为他已超越了生死的烦恼，达到了涅槃境界，正是禅宗"不立文字"、"直指人心"式的了悟。

不立文字并非不要文字，而是指不要执著于文字，因为有限的文字有时不但不能表达思想，甚至会歪曲思想。因此不立文字的含义是既不执著于文字，不被文字所束缚，也不舍弃文字，而是以文字为工具，达到直指人心的目的。

印度达摩到中国传教，在选拔继承人时，众弟子皆各言其法，只有慧可站着一言不发，于是慧可便被选为二祖，正是因为达摩祖师知道慧可已经得到了禅宗不立文字、直指人心、见性成佛的奥义。

另一方面，禅宗"不立文字"，"直指人心"，也是针对浩如汪洋的佛经使学佛之人无从入门提出的。"不立文字"的提出在于倡举不受经文的束缚，主张心领神会。

不立文字也是禅宗主张直观感受，不受文字的、理性的束缚，对人为理性的挑战。

《五灯会元》记载的德山和尚去向龙潭和尚请教的故事最能说明问题：

德山一夕侍立次，潭曰："更深何不下去？"师珍重便出，却回曰："外面黑。"潭点纸烛度与师，师拟接，潭复吹灭。师于此大悟。

龙潭突然将灯烛吹灭，德山心里豁然明亮，原来佛法在自心中，只要心明，就能照亮习禅之路。

文字只不过是认识真理的工具，不执著文字相，用意在于不能把文字误认为真理，因为文字和真理之间永远存在着偏差。文字毕竟只是文字，物质才是真正的物质，去直接触摸赤裸裸的物质事实，认识物质的本真，这就是全部禅的活的灵魂。

佛教把文字与物质分别比喻为手指与月亮，手指只是手指，不能代替月亮，如拘泥于手指，则不能更好地看月亮。如《楞严经》曰："如人以手指月示人，彼人因指，当应看月。若复观指，以为月体，此人岂唯亡失月轮，亦亡其指。"明人瞿汝稷曾将禅家类似"指月"为喻的"不立文字"教法，汇聚于《指月录》内，以体现禅家不立文字的独特教义。

《五灯会元》记载，赵州从谂禅师问一庵主：一日看多少经？答曰：或七八，或十卷。从谂禅师曰：阇黎不会看经。庵主就问：和尚一日看多少？从谂禅师答曰：老僧一日只看一字。

不立文字的积极意义还在于不被洋洋大观、浩如烟海的佛经所绊羁，从而掌握其精髓，直接应用。

（四）顿渐皆立观

敦煌本《坛经》有言：顿渐皆立。

神秀和慧能都是五祖弘忍的弟子，慧能受五祖衣钵后隐遁于江南，15年后出山在曹溪宝林寺传教；神秀则立足于唐都长安，这便是南北禅宗对峙的情况。北宗强调渐悟，南宗宣倡顿悟。

法无顿渐

问道

但实际上，在慧能时期，南禅对顿悟还并非特别强调，而是主张顿渐兼立的。在敦煌本《坛经》中，慧能说："顿渐皆立"，"法无顿渐"。

走向顿悟极端的是慧能的弟子神会，之后神会的弟子宗密又作了折中，认为顿悟也包括渐修，从而提出"顿悟渐修"、"渐修顿悟"，重新主张"顿渐兼立"。

渐悟和顿悟都属于第八阿赖耶识（心识），即属于佛学独特的思维过程。其中，渐悟属于由浅入深的量集过程，彻悟速证为顿悟，即刹那间达到了自我与自然相融合的境界，即顿得解脱之意。南禅流行的许多说法故事，如棒喝、棒击、灭烛、扭鼻、不语，都是关于顿悟的记述。顿悟是悟在刹那间，就是那如闪电般的一刹那间，说明禅悟是一种机缘，故又称为禅机，是物我融一的一瞬间。

（五）平常心观

《坛经》曰："一行三昧。"三昧，梵语为"samadhi"，译为"正定"。《坛经》曰："一行三昧者，于一切处行住坐卧，常行一直心是也。"慧能在此强调的"三昧"，是指禅就在日常生活之中，而不是超越生活的，具有强烈的实践性，是禅宗的主要教义。

《五灯会元》曰："平常心是道。"禅不是高高在上的东西，也非神秘莫测之道，禅机就在日常生活劳动之中，因此，禅宗绝不拘于坐禅。

一位修行者问赵州和尚什么是禅道，赵州和尚问他吃粥了没有，他回答说吃过了，赵州和尚就说，那么你去洗碗吧，修行者顿时开悟，原来禅道就在日常生活之中。

禅尊重自然，人境合一是禅道的核心思想。饿了就要吃，渴了就要喝，就是这些生活琐事中富含着禅的真谛——自然。自然就是平常心，平常心就是自然而然。

智慧启示

《坛经》是佛教的重要经典，全书集中体现了六祖慧能的佛教观，是禅家必修之经。空观、不立文字、顿悟是该经的三大要旨。

第三节 《金刚经》

《金刚经》是佛祖释迦牟尼在舍卫国说经的记录，为《大般若经》之精义，是佛教四十经典之一。

《金刚经》的中心理论是"空慧"、"诸法无我"，总以"法、实相、无住"三者为要旨。其基本理论是三界虚妄（色空、心空、法性空），社会观是圆融无碍。所谓涅槃、菩提、佛果都是佛教徒追求的最高境，也即"物"、"我"（客观世界与主观世界）的大圆融。

一、大智慧的《金刚经》

金刚经又名《金刚般若波罗密经》，也称《金刚般若经》，载于《大藏经》般若部，传入中国后，译本甚多，其中以姚秦鸠摩罗什译本最为流行。《金刚经》是佛祖释迦牟尼在舍卫国说经的记录，中心要义在于述说"空慧"、"诸法无我"，涉及境空、慧空、菩萨空等，总以"法、实相、无住"三者为要旨，为大般若经之精义，在《大藏经》中被列为第七卷般若部，因其有"九断"，故又称为《大般若经第九会能断金刚分》，是众生修持必读之经书，佛家三大经典之一。

金刚，金中之精者。金刚为比喻，言修持之心能如金刚坚者，则以其大信力能证就无等佛果；又言此经能断众生疑执，破一切障碍；形容精义之高，故《大般若经》以此经为能断分，即得此经心法者，能破断一切修持障。正如《梵网经》所说："金中精牢名曰金刚。"

般若即智慧。《大乘义章》曰："言般若者，此方名慧，于法观达，故称为慧。"《大乘义章》曰："慧心安法，名之为忍。于境决断，说之为智。"智，梵语若那，能决断之谓。佛家共有十智，非凡夫之智，乃佛家修持的最高境界，即所谓获得大智慧、大圆满，包括悟出证得佛家无上佛果的诸法道。

慧，也为决断了明事理之能力，但慧为通达无为之空理，智则了明有事之事相。

金刚波罗密经全句为度到彼岸去的决心及智慧，也即"以大信力发大智慧"。仙游翁集英曰："六道如苦海，无舟而不能渡，以般若六度为舟航。"

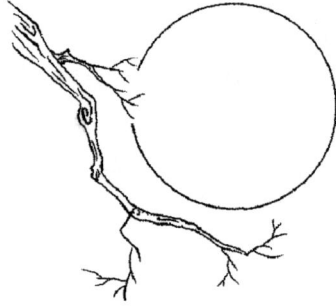

法性空

二、《金刚经》的基本思想

（一）断相疑

《金刚经》曰："如来说,诸相具足即非诸相俱足。"三藏法师玄奘译曰："诸相具足皆是虚妄,乃至非相具足皆非虚妄,如是以相非相应观如来。"意即"凡有所相,皆是虚妄"。法,为佛禅一切事物的代称,包括虚的实的、存在的、不存在的、大的小的……皆为法。《金刚经》之"实相者,则是非相",即指诸法无实相。《大智度论》曰："一切诸法因缘生故,无有自性,是为实空。"也即佛家所说,实相皆空,乃为大悟。

相,指事物的相状,如《大乘义章》曰："诸法体状,谓之为相。"相,包括生、住、异、灭四相,包括事物起、安、衰、坏四个阶段的相状,诸法缘起,必具此四相。《金刚经》认为相是重要的,其理论基础为佛学的"无常"、"无住"、"无性"。

无常,指刹那无住,即诸法无常,也即"法无生灭变迁"。即一切都是刹那生灭的,是无生无灭不迁不变不坏的。无常为《涅槃经》之精髓。正如佛门所言："一切所以为虚妄者,以其有形相,既有形相,则无不坏者,纵使不坏,乃业力以持之,非本不坏也,业力尽则坏矣。唯真性无形相,故无得而坏,此所以为不坏之本。自无始以来,至于今日,无有损动,故云常住真性。谓真性常住而无变坏,此所以为真实也。"

无住,即指法无自性,诸法随缘而起。《宗镜录》曰："无住即实相异名,实相即性空异名。"即一切都是"非有非无"的。佛云"实相无相",所谓是实相者,即是非相,就像太虚空无一形相,"诸相本空"。

《法华经》曰："诸法常无性。"性为佛学中的实体,无性即无实体。诸法无性,指一切事物皆无实体,皆随缘而起。佛家认为万物实际并非真实存在,而是随一定的条件而存在,所谓诸法性空。即一切都在刹那间,在绝对地运动着、变化着,一切都是相对存在的,一切客观物质都非绝对存在。故《大般若经》曰："若菩萨摩诃萨不住于事应行布施,都无所住应行布施,不住于色应行布施,不住声香味触法应行布施。"就是说一切都是无住的,不停止的,都是刹那生刹那灭的,即所谓"诸相具足,即非诸相具足",故佛门曰："离一切相即是诸佛","离诸和合相,是名无上觉,佛以觉言,外觉离一切有相,内觉离一切空相,于相而离相,于空而离空,得夫真空无相之

实相非相

妙，所以名其为真佛"。也就是说，不执著于一切相。故佛家认为，"以无相为法身者，名为慧眼"，结论是：

> 诸相俱足，皆是虚妄；
>
> 以相非相，应观如来；
>
> 不取于相，如如不动。

这就是《金刚经》在"相"方面的旨意。

（二）断心疑

《金刚经》曰："过去心不可得，现在心不可得，未来心不可得。"也就是佛家所谓"明三世皆空"，故论云：过去已灭，未来未起，现在虚妄，三世推求，了不可得。

心，指"阿赖耶识"，即心识。《成唯识论》曰："心，由种种法，熏习种子所积集故。"

何谓种子？顾名思义，种子，即是可以生长万物之意。佛家谓其可生无量，即有生长无量之功德。法相宗从种子能生万法的意思去发挥，认为心能生诸种子，也即能产生万法，产生一切心识。

佛家强调"万法一心"，《般若经》说"种种世法皆由心"，即认为心识能产生对一切事物的认识，万般念头也生于"众生心念"。但心又是无实体的，即《大乘起信论义记》所谓"心性不生不灭"和《法华玄义》所谓"心性即是空"。心（意识）与色（物质）相对而言，色是有一定界限的，心则是无边无界的，即"无质碍为心"。

这就是说，佛家认为心虽能生识，但也是随缘的，心的本体是不存在的，所谓"过去心不可得，现在心不可得，未来心不可得"，即是此意。也正如《金刚经》所说，"无所住而生其心"，"无所住"即指心无常性，或者说无真性。正如佛家所说："过去心已灭，未来心未至，现在心不住诸法之内性不可得，诸法之外相不可得，诸法中间都不可得，心法本来无有形相，心法本来无有住处。"

佛禅认为，"无过去、现在、未来，若有过去心可灭，即是自灭，若有未来心可生，即是自生，既有生有灭，即非常住真心，即为依他心、虚妄心"，"是故善现，菩萨如是都无所住应生其心，不住于色应生其心，不住非色应生其心，不住声、香、味、触、法应生其心，不住非声、香、味、触、法应生其心，都无所住应生其心"。这就是说，无论色（物质）、声、香、味、触、法，一切物质都是无住刹那生灭的，它们的存在只是心识的反映而已，并且心本身也是"无住"（无实性）的。故佛家认为菩萨心即是无住心，即六根清净，

三世皆空

因为心本为自性空，只有了悟心自性空，心不尘染才无住可著。

此外，佛家还强调要"即住即降伏其心"，即"发求真性成佛之心"，此乃佛家心空的一个重要观点，也就是强调要净心。如逍遥翁曰："凡夫之心动而昏，圣人之心静而明，又云凡人心镜清净，是佛园净土，心镜浊乱，是魔国秽土也。"降伏心之妄念，如同驯伏野马，"若不亡心而但除境，境不可除"，即如果只忘掉物质，而不忘掉心识，是不可能降心，断妄念的。

佛家认为心是可以忘掉的，如六祖说："信自身佛性中本来清净，无有污染，与诸佛性平等无二；信六道众生本来无相，信一切众生尽得成佛，是名清净信心也。"

佛家认为，自性清净是净心的根本，自性即不改之性又为冥性。冥性即冥谛，根本精神就是诸法随缘而生。因此，自性清净即了悟万法因缘而生，因缘而灭，也即"诸法性空"之意。佛家说"凡夫取境，道人取心，心境双忘，乃是真法，忘境犹易，忘心至难"，只有了悟此佛性，才能断生一切妄法，离一切妄染，而得自性心（净心、菩提心、佛心）。

总之，佛学认为佛即是心，心即是佛，得见自性心即是佛。即每个人皆有佛性，佛性就在自心，此即真佛。

（三）断法疑

《金刚经》曰："是故如来说一切法皆是佛法。须菩萨，所言一切法者，即非一切法，是故名一切法。"

法，佛学指一切事体，大凡虚的、实的，存在的、不存在的，大的、小的，有形体的、无形体的，诸如一切道理、一切方法、一切事物，皆统称为"法"。佛教认为"真如为万法之体"，即法性为真如，万法为真如。

佛家强调法性空，"诸法皆空"，即万法自性皆空；并认为法性是随缘的，即色、心皆空。《法华经》之"如来座者，一切法空是"，即指万物因缘而生，并无实体。何为因缘？"因"为万物万法产生的根本，"缘"是万物产生的条件。如种子好比"因"，肥料、阳光、雨露、耕作者皆为"缘"，故《摩诃止观》曰："招果为因，缘名缘由。"所以说"一切法者，即非一切法，是故一切法"，也即万法似有实空，似在非存。

《金刚经》反复强调"如来说即非善法，是名善法"，即认为法无真性，故曰"非法"、"名善法"。这是佛家空理论的基础之一。

佛家还认为"是法平等，无有高下"，"平等真法界"，众生皆可度，"一切众生尽得成佛"，"了悟人法二空，即得中道之理"。六祖注《金刚经》有云：

一切法皆是佛法

"一切万法，皆从心生，心无所主，法无所住"，即强调了"法"的空性。李文会所说"心生则一切法生，心灭则一切法灭，心既清净，诸法皆空"，"人空法空"是也。

总之，佛家认为一切非皆真实存在，如《华法经》之"诸法从本来，常自寂灭相"，所谓"虚空即法身，法身即虚空"，佛即是心，心即是法，有佛心，则必有佛法，"无求即心不生，无著即心不灭，不生不灭，便是佛也。"也就是说，真正的佛法是不泯于法，不执著于法的，故又为离一切法相。

（四）断性疑

性者，体也，佛家的性为"诸法之自体"。心性为人的自体，即意识的主体。诸法不变之性是为自性。

性也是空的，所以说"自性空"。性空属于"八空"之一，佛家认为"此灵觉性，无始以来，与虚空同寿，未曾生，未曾灭，未曾有，未曾无"，即《黄檗山断际禅师传心法要（上）》"性即是心，心即是佛，佛即是法"之说，就是说性虽为诸法之体，但实际也是空的。因此，《金刚般若波罗密经注解》强调"世界喻法身无一性，若知合微尘为世界，世界全是微尘，则世界无实性"，故曰则非世界。

佛家认为"法性无住"，即言万事万物的自体是无常无住、刹那生灭的，一切皆因缘而有。所谓"法性无住"、"自性体寂"、"色性自空"、"万法本来无性"是也。

性的最高境界为菩提真性，即百丈怀海禅师所说"若人于一切事，无染无著；于一切境，不动不摇；于一切法，无取无舍；于一切时，常行方便。顺随众生，令皆欢喜，而为说法，悟菩提真性"。菩提真性亦即灵觉性。

（五）断色疑

《金刚经》曰："所谓不住色布施，不住声、香、味、触、法布施。"

佛家认为色为"有碍"，即有质的阻碍，翻译成白话指物质，即有形万物之总称。色与声、香、味、触合为佛学"五法"，为眼、耳、鼻、舌、身五根所缘生万法的境界，故凡夫由于五根不净，贪恋此五者而为五尘所染。

佛教"空"理论的重要基础，即认为色（万物）并非实际存在，而是因缘（条件）所生的，也即色（物质）是空的，是真相真如（空有真在）。也就是说，万物（包括万物因缘所生的实体）是因一定的条件而存在，条件变了，万物也就不存在了。也即是说万物是刹那生灭的，这也正是《般若波罗密多心经》

真如实相

的心旨——色不异空，空不异色，色即是空，空即是色。

这就是说，佛家认为"色"是无常无住的，因条件而生，因条件（因缘）而存，而说到底是空的，这就是"不住于色"的含义。

佛家的观点是以大智慧性照见一切皆空，六尘不染，妄念始可断除。故佛家认为般若之智，名为慧眼，见诸色相心不动摇，见一切法无一切法，见一切相无一切相，是名法眼。

（六）证得阿耨多罗三藐三菩提

阿耨多罗三藐三菩提即阿耨菩提，是涅槃界的异名，意为达到"无上正等正觉"的佛修持最高境界。至上指最高程度。"离邪妄曰等"，悟出佛性为正觉，正等正觉即三藐三菩提，即大觉悟、大智慧。达到无上正等正觉，意即顿悟证得佛性圆融无碍的大智慧。《大乘义章》曰："照见名智，解了称慧。"能知一切有情皆有佛性，能断烦恼为菩提，能断生死障，证得涅槃，能成就一切出世公德为佛性。

要达到佛境，佛家认为要做到以下十点：一布施、二持戒、三忍辱、四精进、五禅定、六智慧、七慈、八悲、九方便、十不退。

（七）一切有为法，如梦幻泡影

"一切有为法，如梦幻泡影，如露亦如电，应作如是观"是《金刚经》的结语，也是佛学世界观的根本观点。这一观点否定一切"相"的真实存在，认为"诸法性空"，有形之相为虚妄，无形之相为真性，即使有外相，也不过是因缘而起（因一定的关系和条件）而存在，并无实性存在，即"外相虽有，其中实无"。也即所谓"真如实相"，万法皆如露水、如梦幻、如闪电，是刹那生、刹那灭、无常无住的，悟此意者即"见性成佛"。

智慧启示 ....

《金刚经》总的理论是三界虚妄，即色空、心空、法性空，也即无论客观世界（物质）、主观世界（意识）乃至联系主客观世界的关系（形式）都是"无常"、"无住"的。也即都是无实反真的，刹那生灭的。就是说一切都在运动变化之中，万事万物都是"因缘"、"随缘""成、住、坏、灭"的，也即都是因一定的条件而生，因一定条件而灭的。

因此，佛家最高宗旨是忘心（忘我）。佛家认为众生忘色、忘境（客观世界）容易，而忘自性我（主观世界）则难，故佛家强调说："凡夫取境，智者取心，心境双亡，乃是真法。亡境犹易，亡心至难……心亡则境空，境空则心灭。"由于迷执于主观世界，因此，人常被妄念邪尘著染。只有把主观世界和客观世界相融一，去除主观世界的尘染，才能断烦恼、度生死而达心境圆融（主客观无碍圆满）。佛家的圆融即客观世界和主观世界好比水和波，无二无别，无障无界，万事万物之间的最高境界是圆融无碍。所谓佛学的最高境界——涅槃、菩提、佛果，就是"物、我"大圆融。

第七章
中国著名佛禅大师

对中国佛学曾经产生深刻影响的四大佛师是慧远、慧能、玄奘和宗喀巴。

慧远：中国佛教早期奠基人之一，净土宗始祖，在中国佛教中占有重要地位。

慧能：中国禅宗六祖，著名佛僧，南禅的开创者，以"直指人心，见性成佛"的顿悟禅法著称于世。

玄奘：伟大的佛学家、翻译家，曾历尽千辛万苦到印度取经，并带回大量佛经，是对中国及亚洲的佛教有着空前影响的人物。

宗喀巴：藏传佛教格鲁派的创始人，西藏佛教的权威，对西藏佛教的发展产生了巨大影响的佛学大师。

第一节　慧远
——中国佛教的奠基人

慧远是中国佛教早期奠基人之一，为净土宗始祖，在中国佛教史中占有重要地位。

一、净土宗创始人慧远

慧远（334—416），东晋高僧，原姓贾，雁门楼烦（今山西宁武）人。21岁时，听道安法师讲《般若经》，悟而出家，以弘法为己任。24岁时便能

慧远像

单独对众僧讲《般若经》，好以老庄思想解释佛经，并精通儒易。

在道安门下，慧远即表现出非凡的佛学才华，并很快成为道安足下的上座。慧远笃信般若性空、般若"实相"，认为一切事物皆为"常住不变"的假相。他曾以"本无"观点辩败"心无"义派（晋哀帝兴宁三年，公元365），以后至庐山东林寺持教30年，直至圆寂。

在庐山30年间，慧远和北方长安的鸠摩罗什相呼应，竭力弘扬罗什所释的《三论》，共同壮大佛学声势，并广收弟子，传播《般若经》，修持弥陀净土宗，宣传灵魂不死及西方净土，成为净土宗的创始人。慧远还积极制定佛教戒律，组织译经及进行创作，主要著有《沙门不敬王者论》、《明报应论》及《三报论》、《法性论》等，收载于《弘明集》、《广弘明集》。

慧远注意和上层社会密切联系，博得权臣桓玄的支持，对下层也广为结交。为维护佛教教义和调和佛教与中国原有文化的矛盾做了大量的工作，为佛教中国化做了积极的努力。

慧远晚年的声誉日高，四方弟子广投门下，上层官吏为之修寺立庙，净土宗大兴，慧远也成为中国佛教史上的一代名僧。

二、慧远的佛教信仰

（一）信仰弥陀净土

慧远被奉为中国净土宗的始祖，他信仰以大乘般若为主的"弥陀净土法门"，认为尘世人间为"秽土"，出世的"西方极乐世界"才是净土，净土是"无量寿"的涅槃境界。

所谓"无量寿"即是净土宗的佛，只要能专念阿弥陀佛，发无上菩提之心，心性虔诚，就能灭无数劫业，去除烦恼障，就能获得无量寿、无量光而成佛。具体修持方法为念七天七夜阿弥陀佛，即可见到佛，死后即可往生西方极乐世界。如《佛说阿弥陀经》曰："若有善男子善女人，闻说阿弥陀佛，执持名号，若一日，若二日，若三日，若四日，若五日，若六日，若七日，一心不乱，其人临命终时，阿弥陀佛与诸圣众，现在其前。是人终时心不颠倒，即得往生阿弥陀佛极乐国土。"

慧远认为生生不息则苦恼无尽，所以修西方净土，必须挣脱生死的束缚，恢复神无生无灭的本性。他尤其主张神是不含彼我的，是要摆脱情识缠扰的，只有如此，才能到达净土彼岸。

慧远主张的净土涅槃，是要超越三世轮回的生死之苦，摆脱三恶报及天堂的苦乐而直达息灭了一切烦恼障的涅槃神界，这个极乐神界即为西方净土。其宗旨就是要摆脱生死之苦，认为生死是神的累赘。正如《高僧传·慧远传》中所说："不以生累其神，则其神可冥，冥神绝境，故谓之泥洹。"

（二）倡导神不灭论

佛教为宣扬业报轮回而承认灵魂不灭，宣扬"形尽神不灭"，认为人的形体可死而灵魂不死。与道家形神升天成仙不同，慧远认为神是一种精神实体，是不生不灭的，可以三世轮转，属客观唯心主义范畴。

神不灭论，灵魂不死，是佛教的核心。佛教宣扬三世轮回，因果报应的理论基础，也是佛教信仰往生净土的理论依据，因此，慧远承认灵魂不死和神不生不灭，认为神是无生无死的永恒主体，并进行了大力宣传。

在《沙门不敬王者论》中，他说："夫神者何邪？精极（精明到极点）而为灵者也。……神也者，圆应无生，妙尽无名，感物而动，假数而行。感物而非物，故物化而不灭；假数而非数，故数尽而不穷。有情（情感，对外物的贪爱）则可以物感，有识（认识）则可以数求。……推此而论，则知化以情感，神以化传；情为化之母，神为情之根；情有会物之道，神有冥移之动。但悟彻者反本，惑理者逐物耳。"也即认为神即灵魂，是"物化而不灭"的，是可以转世的。

（三）宣扬六道轮回、因果报应

为了使佛教能在强大的儒家思想影响下的文化圈内立足，慧远紧紧抓住儒家忠孝仁义纲常名教的精神和中国民间的因果报应说，强调六道轮回业报，如《涅槃经》说"善恶之报，如影随形，三世因果，循环不失"，震动了中国民间，终于使佛学展现了无与伦比的优势。

六道轮回、因果报应在于宣扬灵魂不死，认为人死后有天堂地狱之殊；因此，今世必须抑恶扬善，来世才有好报。这些观点突出了佛教大慈大悲的宗旨，从而使佛教大得人心，尤其慧远把三世轮回因果报应论与忠孝仁义相依附，博得了儒家的认可，从而沟通了儒佛二教的交流。

《周易》的善恶报应，孔子的天报应，董仲舒的天人感应，都是中国传统因果报应的思想基础。慧远把"天"报应，改为作业者的"神"报应，即从天神的报应，改为自身"神"的业报，竭力沟通封建忠孝与因果报应，把佛教思想和中国传统伦理观念作了融一。慧远所谓人有三业指人的行为、

事起必由于心

言语和思想活动，"业有三报：一曰现报，二曰生报，三曰后报"。(《三报论》)经过慧远改造的因果报应，其最终境界是超越报应。在《明报应论》中，他认为："事起必由于心，报应必由于事。是故自报以观事，而事可变，举事以责心，而心可反。"即要超越报应，就必须净心，从自心证起，从而把天命论、宿命论归结于自身业报的"心神"，也即灵魂。他认为灵魂不灭，因此业果报也是三世不灭的，所以只有净心才能杜绝因果报应的根源而得到超脱。

三、慧远的千秋功绩

慧远是中国佛教的奠基人，其主要贡献是将佛教中国化，奠定了中国佛学的基础。

（一）开创了佛教中国化的先河

慧远对佛学最大的贡献是把印度佛教中国化，从而成为中国佛学的奠基人。

印度佛教经鸠摩罗什传入中国后，经道安深入中原，但在慧远之前尚未广泛流传。自从慧远把佛教中国化后，佛教才真正在中国盛行，而且逐渐融入中国文化长河，成为中国传统文化的重要组成部分。

慧远把佛学中国化的主要步骤为三：

第一，通过因果报应论将佛家的遏恶扬善与儒家的忠孝伦理相沟通；

第二，提出三世轮回，把佛教的神不灭观与中国世俗的神魂思想相统一，从而获得了下层及世俗的社会基础；

第三，把复杂的印度佛教简化为念阿弥陀佛，不用读佛经即可见到佛，便可入西方涅槃净土；这比道家炼丹更能扩大影响，从而为佛教中国化扩大了通路。

在慧远创造的上述条件下，佛学以迅雷不及掩耳的速度在中国迅速蔓延，从此印度佛教逐渐演化成本土化的中国佛教。

（二）为中国净土宗的发展创造了条件

南方庐山寺的慧远与北方长安的鸠摩罗什遥相呼应，在东晋形成了声势浩大的佛学空宗体系。

慧远是道安的弟子，二人皆以大乘佛教般若空宗为圭臬，属龙树、提婆的中观应成派，虔信"万法皆空"、"自性空"，并以《大品般若经》为宗典，进行讲经传法，尤其注重鸠摩罗什翻译的"三论"，加强空宗的流传及影响。

慧远在般若空宗的基础上创立了净土宗，修持西方净土，并创白莲教社，发展净土宗。慧远还竭力传播、翻译提婆的毗昙学及佛陀跋陀罗的禅法，对禅宗的发展产生了影响。

总之，慧远弘扬般若空宗，创立中国净土宗并提倡禅法，对禅宗的发展产生了深远的影响。

（三）为儒、释、道三教融一作出了贡献

慧远是对儒、释、道三教融一有突出贡献的佛学大师。

第一，慧远写《沙门不敬王者论》及《答桓太尉书》，对佛教的教义和儒家的君王礼仪作了调和，既维护了佛门的声誉，又缓和了佛家与儒家纲常名教的冲突，巧妙地迂回了佛家和儒家的关系。

第二，慧远主张入世与出世一样皆可成佛，缓和了佛家出世观和儒家入世观的矛盾。

第三，慧远引进了老庄道家的"本无"观，用以加强佛学的出世理论，使佛、道在唯心主义的基础上得到了融一。

智慧启示 ....

慧远是中国早期佛教史上最著名的高僧之一。他利用当时佛教发展的条件，迎请外国学僧来华入山译经，与鸠摩罗什交流心得，积极关注最前沿的佛教理论，并解读和调和外来佛教与中国传统之间的矛盾，其思想、学养和人格影响深远。

第二节　慧能
——中国禅宗的杰出代表

慧能是著名佛僧，中国禅宗六祖，以"直指人心，见性成佛"的顿悟禅法著称于世。（详见第四章《中国十大著名禅师·慧能》）

第三节　玄奘

——伟大的佛学家

玄奘是伟大的佛学家、翻译家、旅行家，曾经到印度取经，并将大量佛经带回国，是对中国及亚洲的佛教有着空前影响的人物。

一、千古传奇的西域取经

玄奘（602—664），生于隋文帝开皇二十年（600年），俗名陈祎，河南洛州缑氏县(今河南省偃师县南境)人。据唐·慧立彦悰《大慈恩寺三藏法师传》言，玄奘"早通经术，形长八尺，美眉明目"。

玄奘早年好儒，随父学《孝经》，后跟二兄长捷法师住洛阳净土寺学佛经。少年时即熟读《法华经》、《维摩经》等多种佛经，21岁受具足戒。青年时代的玄奘跟从景法师学《涅槃经》，跟从严法师学《摄论》，并能升座复述，博得众僧喝彩。后来他又学习了《杂心》、《八提度论》，以后又去当时的京都长安，师从道岳、法常、僧辨、玄会等名僧学习《俱舍》、《摄论》、《涅槃经》等，24岁就已穷极中国当时所有的佛经。

但是，玄奘仍然觉得未识真谛，尤其想学《瑜伽师地论》，遂生前往天竺取经之愿。当时，佛门受朝廷冷落，唐太宗李世民为增光门面，拜道家李耳为祖，并亲自到国子监宣布道第一，儒第二，佛最下。贞观元年（627年），玄奘上表请求朝廷让他西行求法，但没有得到唐太宗的批准。然而，他的取法决心已定，为了取得真经，也为了改变佛教的社会地位，玄奘"冒越宪章，私往天竺"，只身西行前往天竺国（今印度）取经。

取经之路险象环生。一路上豺狼当道，强盗后追，九死一生。玄奘冒着被发现射死的危险，独闯玉门关。出关后昼伏夜行，几乎被胡人向导杀死。在"漠漠黄沙，上无飞鸟，下无走兽，更无水草"的荒漠中，他打破了水罐，差点送命。被高昌国强留时，他又不得不采取绝食手段，才能继续西行。穿越帕米尔冰山时，他差点摔死。

在天竺国，玄奘遇到异教徒多次挑衅，拼死辩难，制《会宗论》、《中观》、《唯识》，同室息戈著《制恶见论》一千一百六十颂，破小乘论而化险为夷。在天竺国曲女城无遮法会上，玄奘又冒死待难十八天，最终逢凶化吉，真可

玄奘西游

谓九死一生。

玄奘又历尽千辛万苦，跋涉五万里路，到达印度那烂陀寺，拜听戒贤法师讲《瑜伽师地论》，实现了学真经的心愿。玄奘学成后，又学习《中论》《百论》《俱舍》《婆沙》等，学时历五年之久。之后又遍历东、南印度四年，博学印度佛教的各宗各派、大中小乘佛教的各论经典至穷尽。

二、轰动佛界的印度之行

返回那烂陀寺后，玄奘开始当众讲经。尤其著《会宗论》三千颂，对《瑜伽师地论》及《中观》两家的观点进行了融通，受到两家的赞许。是时，玄奘在印度已经声名鹊起。后来，南印度小乘佛教向大乘佛教挑战，玄奘受戒日王委托作《制恶见论》一千六百颂，使正量部论师般若鞠多折服。

最使玄奘轰动全印度的是，公元643年（贞观十五年）印度最有威望的戒日王在曲女城举办的举世瞩目的无遮大法会。数千僧人参加了这场盛大的法会，首推玄奘主辩。玄奘以自己的著名三论——《会宗论》《制恶见论》《三身论》等，任人发难，如果被人驳倒即当众斩首殉教，但十八天讲解竟无一人敢于挑战。

戒日王让玄奘骑着大象供人民瞻仰，玄奘终于获得了全印度佛教各派各宗学术权威的地位，一时间蜚声中外，获得了印度本国僧人都得不到的无上荣誉和尊敬。

无遮法会宣告着玄奘取经已经获得了圆满成功。玄奘用戒日王所赠的大象及银两买了数百部佛经及若干佛像，告别戒日王、戒贤法师及诸佛门，在受到戒日王等人隆重欢送后，启道东归。

公元645年（贞观十九年），玄奘回到长安，上表唐太宗。唐太宗看后很高兴，在洛阳接见了玄奘。出于对玄奘的赞赏以及政治需要，唐太宗建议玄奘著书，并下令将长安弘福寺作为玄奘的译经场所，还派专人协助。

在唐太宗的支持下，玄奘一年内写出了举世闻名的《大唐西域记》，得到唐太宗的高度赞扬，并亲自为之作《大唐三藏圣教序》。在以后近20年时间里，玄奘进行了艰苦卓绝的译经工作，在其他和尚的协助下，到公元663年共译完《瑜伽师地论》、《大般若》、《成唯识论》等梵文佛经达七十五部，一千三百四十余卷。

公元664年，一代名僧终于走完了他辉煌的一生。消息传到皇宫，唐高宗叹曰："朕失国宝矣！"

玄奘与大雁塔

三、玄奘的佛学功绩

（一）以大乘瑜伽派为宗

玄奘的佛学体系属大乘有宗瑜伽派，所宗经为《瑜伽师地论》。该派为印度大乘佛教弥勒所创，传播于无著、世亲，最终目的为往生净土，学术思想为唯识论，即万法唯识，心外无识。

唯识学又名法相唯识，即一切法相皆识之所现，就是说一切物质现象的存在都是意识的作用。所谓法指有的、没有的，存在的、不存在的，自性的和缘起的（被认识的）有与无方面的总和，佛学称之为"轨持义"。所谓"持"，指事物的自身属性，如鹿有头有角，这是鹿的"持"；而"轨"，指被理解认识为有头有角的鹿。法则既包括鹿的自身属性，又包括被认识的有头有角的鹿两个方面，比"物质"这个名称要全面。因为物质只包含自身存在，而不包括被认识为物质这一方面的内容。佛家的"法"则包括物质及其被认识两个方面的内容。佛教的"法"包括存在及不存在，亦即真、幻两方面的内容。唯识学认为即使"真法"，也是无生无灭的，"幻法"就更是虚幻的了。"相"则指相貌，义相，是眼识与心识相结合的认识相。所谓"识"，即"心"，心即意"识"。万法唯识，即指一切存在的、不存在的相，都是心识的作用，离心无外境，即离开了自心的承认，外物就不存在了。

佛教有"八识"，其中最注重阿赖耶识。所谓阿赖耶识指根本识，即"舍藏"之义，指心含藏一切法的种子，能起一切法的现行。也即万物皆由自身种子所造，目的在于说明善种生善果、恶种生恶果，就是说种子造万事万物，也是因缘起的和有因果关系的，即万事万物都是有因有缘的，互为因果的。

所以唯识学的精髓即万法（万事万物）因缘而有，自性而空。缘即阿赖耶识（无量识），即含藏在心识中的种子因缘，而一切识又皆依各自的种子为因缘生起，一切法的种子皆在这一心识（包括有情无情之根，器界），由心识而生万法故曰唯识。也就是说一切物境皆因心相而生。"我识"也是因缘的，因缘而识，非真识，因此，唯识学的实质就是要"断我法执"。即否认我与法皆实体，而了知我法本空，二者皆无非"妄情"而生，从而既不"执我"，也不"执法"，我识既空，万法何识？所谓心外无法，一切法无非因缘而生，因缘而灭，不过是水中月、光下影而已！如是"断了我法执"，便能去烦恼障（我执）及所知障（法执），证得我法皆空的菩提境界，涅槃圆果。

所以唯识宗虽属大乘有宗，但是仍然属于彻底的空观主义，似唯心，实则断心（不执我，不执法）的虚空主义。

总之，唯识论的宗旨即言"世间诸法，若有若无，若假若实，或由执起，或随心生，俱识所变，皆不离识"，归根结底对一切事物的认识是"真空假有"四字，即使"有"也无非"唯识有"，和空宗的空不过是同途殊归而已。

（二）融会贯通大小乘佛学思想

玄奘的学识观点宗天竺摩揭陀国那烂陀寺戒贤法师的《瑜伽师地论》，并兼向胜军居士学《唯识》，又旁及大小乘《毗昙》，因而对天竺大小乘佛学达到了融会贯通的境界。

玄奘因通三藏十德而被尊称三藏法师，在广听天竺名家学派及博学婆罗门教的基础上著《会宗论》，沟通了"瑜伽"、"中观"的学术思想。

玄奘对佛学的融会贯通还反映在他著《制恶见论》一千六百颂及《破大乘论》上，他的著作不但使大乘佛教倾倒，而且使小乘佛教膺服。玄奘的佛学水平达到了天竺无人敢发难的境界，在当时来说已经达到了登峰造极的高度。

（三）带回并翻译了大量佛经

从贞观十九年（645年）玄奘返国起，至麟德元年（664年）逝世为止，玄奘在长安弘福寺进行了艰苦卓绝的译经工作，翻译佛教经典七十五部，一千三百四十余卷，历时二十年整。在这二十年间，玄奘以其对佛学的全面精通而对佛学作了系统的、全面的翻译，主要有《瑜伽师地论》《大般若》《俱舍》《婆沙》《成唯识论》等，具体包括般若、瑜伽、唯识、因明四大家经文。

玄奘不但通佛理而且精印度梵文，所以他翻译的佛经准确精深，水平甚高，几乎囊括了印度佛学的全部精华。玄奘主译佛经规模之大，译著之多，实为我国翻译文化划时代的创举，对研究佛学有重要价值，其所译佛经现已成为中国文化中的宝贵财产。

此外，玄奘还培养了大量的佛学翻译家及弟子，如窥基（著《成唯识论述记》等）、神防、嘉尚、普光、圆测（著《成唯识论疏》等）、法泰等，对佛教在中国的传承和发展，有薪火相传的意义。

（四）促进了中印两国的文化交流

玄奘在印度以其刻苦勤学以及非凡的智慧穷极佛学各宗各派，其学问已经超越了天竺国佛界，征服了整个天竺国，在戒日王组织的曲女城无遮大会上折服了全印度大小佛教数万僧侣及高僧，不但名声大噪，也使中国大唐的声誉远传到了印度。

玄奘不但带回了佛经和印度文化，还把《老子》译为梵文传播至印度，促进了中印文化的交流。

（五）著《大唐西域记》

《大唐西域记》是玄奘口授，辩机撰文的著作，共十二卷。现存敦煌本是最早的抄本。《大唐西域记》是玄奘受唐太宗嘱托而写，书成，唐太宗说"新撰《西域记》者，当自披览"，还亲自为之作《大唐三藏圣教序》。这一著作对研究7世纪中国西域及印度的历史地理有重要贡献，是研究中印史地学的珍贵文献。全书资料翔实，丰富多彩，堪称史地书中的瑰宝。

《大唐西域记》所记述内容涉及一百三十八个国家，二十八个城邦，五万里地域的风土人情、山川地形、政治经济、宗教信仰，包含了7世纪中亚西亚、南亚地区的古代史、宗教史和中外关系史及民族语言等珍贵资料，至今已被译为英、法、俄、德、日等国文字，蜚声中外。

《大唐西域记》在政治方面亦颇有影响，对唐太宗巩固西域边关的统治和扩大西域邦交，沟通中原与西域诸邦的文化起到了重要作用，并促进了中国多民族的统一。

《大唐西域记》记载了大量的奇异风俗、神话传说、佛学等，成为吴承恩创作的名著《西游记》的原型。

智慧启示 ···

唐太宗李世民曾亲自撰写了七百八十一字的《大唐三藏圣教序》，称赞玄奘"松风水月，未足比其清华；仙露明珠，讵能方其朗润"。这样的评价，玄奘受得起，他确实是中华佛教史上的一颗明珠，在历史的长河中永放光彩。

玄奘是一位伟大的、具有传奇色彩的著名佛僧，他不但取回了大量的佛经，而且改变了唐朝皇帝对佛学的态度。但是，玄奘虽然博晓佛性，精通诸经，但却恪守佛经教义，不敢逾越，因此，他虽然带回了大量的佛经，做了诸多的翻译，却因不能和中国的文化相融一，而空搁高楼。

玄奘创立的法相唯识宗，理论虽然高深，但因不能中国化，所以影响远远不如目不识丁的慧能所创立的南禅。尽管他创建的唯识宗未能久传，但他带来的影响使佛教在中国的地位得到了重大的提升，这一功劳决不小于他取回佛经的影响。

第四节　宗喀巴
——杰出的藏传佛教创始人

宗喀巴是藏传佛教格鲁派（黄教）的创始人，西藏佛教的权威，对西藏佛教的发展影响巨大。

一、格鲁派创始人宗喀巴

宗喀巴（1357—1419），原名罗桑扎巴，青海湟中县塔尔寺人。父亲达尔喀且鲁崩格是虔诚的佛教徒，属官僚奴隶主阶层。

宗喀巴年幼时就受佛学的熏陶，对佛学产生了浓厚的兴趣。在他3岁时，喇嘛教噶玛支派第四活佛饶多必吉见宗喀巴生得额宽面白，眉长耳垂，鼻高唇正，一派佛像，宛如活佛转世，十分惊喜，于是授予近事戒，宗喀巴从此步入了佛门。

宗喀巴7岁时，著名喇嘛顿珠仁钦送给宗喀巴父亲很多财物，请求他把小孩送给他。宗喀巴的父亲看到儿子生性喜爱佛法，只好应允。顿珠仁钦给宗喀巴灌顶，亲赐密号为"不空金刚"，并受了沙弥戒。

宗喀巴接受了顿珠仁钦向他传授的噶当派佛法以及全面坚实的佛经教义，16岁学满出师。

为了进一步深造，宗喀巴辞别顿珠仁钦，开始苦行游学，遍访名师，从青海西宁到达西藏，博参西藏佛法，发难各宗名师，艰苦学佛又历十年后，近30岁时宗喀巴密显教全通，终于圆满学成而受比丘戒，之后声名日高。

1389年，宗喀巴开始在门喀寺进行讲授，其渊博的学识和辩才备受各路僧人的崇敬，这时宗喀巴的名声已传遍全西藏。

宗喀巴对藏传佛教最大的影响是号召对西藏佛教进行改革。他对西藏佛教当时的腐败堕落进行了严厉的批判，并戴上了象征佛教祖制的黄帽子，开始了震惊西藏僧界的拨乱反正、重振教风的改革，对维护西藏佛教的正统做

宗喀巴像

出了不朽的贡献。

宗喀巴的改革得到了阐化王扎巴坚赞的全力支持。永乐七年（1409年），在扎巴坚赞的主持下兴办了全藏万僧大祈愿法会，轰动了整个西藏。宗喀巴被公认为西藏喇嘛教的首席大师，并在阐化王的支持下修建了色拉寺、甘丹寺、哲蚌寺等三寺，成为黄教圣地，收弟子成千上万。从此，以宗喀巴为首的格鲁派成为西藏政教合一的正统派。宗喀巴还受到明成祖朱棣的诏赐，他本人称病未去，其弟子前往受诏，宗喀巴被封为大慈法王。

宗喀巴对西藏佛教的贡献被赞誉为"所有功德能容器，三千世界也难容"。他所著的《菩提道次第广论》，是西藏黄教的宗典。

二、宗喀巴的佛教思想

（一）提出"缘起有"、"自性空"

宗喀巴以印度大乘中观应成派为宗。大乘中观应成派又称大乘空宗，为印度大佛学家龙树（150—250）所创，主要宗经为《般若经》，学术思想为"缘起性空"。

由于当时佛教中对般若性空的片面理解，把空观绝对化、夸大化，没有认识到空的本义是是空非空、似有非有的，也即是"自性空"、"缘起有"的；从而否认善恶业果，认为既然万法皆空，那么又何以存在轮回因果；从而否认佛的存在，并滑向了背离佛道、违法乱纪的深渊。针对当时佛教堕落和茫然的现状，宗喀巴认为，要改革佛教，恢复正宗，首先必须从理论上找到根据。于是他重申般若性空的本义，提出万法自性是空的，即所谓"自性空"，一切有皆为因缘而起，即所谓"缘起有"；既否认实有（自性有），也不承认真空（毕竟无）。宗喀巴的这一观点虽然是唯心主义的，但解决了空与有的对立统一关系。

宗喀巴强调一切有皆非自性有，而是缘起有，一切无都不是毕竟无，而是自性无，从而以唯心主义为基础解决了有与无的关系，确立了唯心的因果关系，即强调了事物的普遍联系性。他认为，一切有都是因缘，因缘都是缘起的，不是孤立的，因此，既有因缘也必有因果关系。宗喀巴的这一理论为佛学的根本宗旨——善恶业果的存在奠定了理论基础，并为当时宗教的改革树立了理论依据，这是宗喀巴对西藏佛学的重大贡献。

（二）中观唯识并重

宗喀巴为建树佛学正宗，全面继承弘扬佛学，除注重显密合璧之外，还在以中观为正宗的前提下，以唯识为依止。其著《辨了不了义论》强调唯识观，对大小乘兼收并蓄，对显密两宗结合收纳，使格密派佛学理论大大增强，对西藏佛学的兴盛，起到了有力的促进作用。

（三）显密并倡

宗喀巴针对当时西藏佛教多注重密教以及密教中过分强调咒密的弊端，著《菩提道次第广论》及《密宗道次第广论》，拨乱反正，摒除了教派中的不良倾向，提高了显密二宗的理论水平，为西藏佛教树立了显教密法、密显并重的良好教风，对西藏佛学的正统发展产生了深远的影响。

三、宗喀巴的千秋功绩

宗喀巴是最有影响、威信最高、贡献最大的藏传佛教大师，对西藏佛学的主要贡献如下：

（一）对西藏佛教理论的贡献

宗喀巴发扬显教，把显教作为藏传佛教的主流，并深入进行佛学思想研究，提高佛学理论水平，建立了全面的佛学思想体系；尤其建立佛学教学机构，弟子多达数千，对佛学的传播及佛学理论的深入起到了重大作用。

宗喀巴深入研究佛学理论，对大乘佛教般若空宗的空观理论进行了发展，提出了"缘起有"及"自性空"观点，为善恶业果的存在奠定了理论基础，也为佛学的稳定作出了贡献。

他的著作《菩提道次第广论》及《密宗道次第广论》对显、密二教理论的发展产生了影响；尤其为藏传佛教理论体系的建立奠定了良好的基础，对藏传佛教的传播及发展起到了积极的促进作用。

（二）改革佛教戒律，重振佛教

当时的西藏佛界教规松懈，僧无法纪，娶妻酗酒与俗无间，尤其密教搞咒术欺世，甚至以合法为借口行污辱民间妇女之实，甚至取人心祭祀……诸此种种，已到了堕落垂亡之际。宗喀巴坚决提倡严戒律，尊教纪，重申不杀生、不饮酒、不淫欲，对佛教进行了彻底的改革，使格鲁派教风大振，从此西藏佛教界一改过去劣习，开始走上蒸蒸日上的道路，对藏传佛教的兴盛产生了良好的影响。

（三）注重显教，扶正密教

在一些佛僧借宣扬密教干着龌龊的勾当之际，宗喀巴高举显教的大旗，大力提倡以显教为主，先显后密，显教密修的原则，对藏传佛教的正统发展产生了重要影响。

为发展密教，宗喀巴修建寺庙，宣讲经文，组织法会，并依靠政府，倡议佛教治世，以净化世风。宗喀巴又在阐化王扎巴坚赞的大力支持下修建三寺，在此三寺内传授佛经，受教僧人多达数千，对西藏佛教的继承及发展起到了重要作用。

智慧启示 ....

宗喀巴是西藏杰出的佛教改革家，藏传佛教格鲁派的创始人，西藏佛教的第一号人物，对西藏佛教理论的提高，藏传佛教正统的维护，教规的制定，寺庙的修建和佛僧的培养等，都做出了突出的贡献，是对西藏佛学贡献最大的大师。在藏传佛教中，宗喀巴因被尊奉为文殊菩萨的示现化身而被后世千千万万的佛徒所景仰和传诵，影响遍及古今中外。

第八章
著名佛尊和佛陀圣徒

第一节　著名佛尊和菩萨

著名佛尊和菩萨是佛教的开拓者、奠基者及传播者，他们都受到千万佛徒的无比崇拜。他们不仅佛理高深，而且大慈大悲，帮助众生超度，帮助众生解脱大苦大难。他们佛法无边，引度众生往生极乐世界，所以深得佛徒的无限敬仰与膜拜。

著名佛尊和菩萨是佛祖释迦牟尼500弟子中的佼佼者，深得佛祖的赏识和佛徒的爱戴。他们神通广大，佛学知识渊博，是佛祖的继承人及佛学的传播者，对佛教的发展及流传做出了杰出的贡献。

一、释迦牟尼

释迦牟尼是佛教第一人，又称为佛祖，本名乔达摩·悉达多。悉达多出生于印度迦毗罗卫城，父亲是迦毗罗卫国的国王净饭王，而悉达多则被封为太子，是迦毗罗卫国的储君。

但是，悉达多被众生老病死的痛苦所震撼，于是决心放弃高贵的王位、美丽的妻子和可爱的儿子，独自一人离开王宫到苦行林中修行。六年后，悉达多因苦行断食而晕倒在尼连禅河畔，被一个牧羊女施以乳汁得救后，结束苦行。之后他来到伽耶城外的菩提树下沉思默想七天而得道，并以空悲为核心理论创立了佛教。这标志着他成了佛。

得道后的佛祖到鹿野苑说佛。他反对苦行式的极端修持，主张中行，足迹遍布恒河两岸，进行了近五十年的传教活动，培养了一批又一批的弟子，建立了许多名寺，深受佛徒的无比崇敬，还受到了不少国王、富人的推崇，威望日高。

释迦牟尼涅槃于末罗国（北印度域），时年八十，他本人被美称为释迦牟尼，意为释迦族的圣人。他的舍利（遗骨），被分别供奉于八个国家，受到全世界佛教徒的拜仰。他创立的佛教被称为世界三大宗教之一，他写的佛经和创立的佛教理论成为佛教的主要经典。

二、大日如来佛

大日如来佛是密宗的本尊，密宗教理的核心。大日如来佛象征如太阳一般的智慧光明普照众生，能使无边法界普放光照，能使佛徒的善根和佛性开启，其智慧有如太阳，故称大日如来佛。

三、无量寿佛

又称阿弥陀佛，是大乘佛教的主要佛陀，他的左右有观世音及大势至两大菩萨伴侍。无量寿佛主要以大悲接引众生忘掉悲愿，修持极乐佛境，往生极乐净土，故又称极乐陀佛。

四、观世音菩萨

观世音菩萨又称观自在菩萨，是侍奉在无量寿佛左边的一尊著名菩萨。观世音菩萨代表大悲，是大乘佛教慈悲救世精神的代表，以大悲善度众生，清静发愿，往生极乐净土，故深受佛徒奉崇。

千手观音侍奉在阿弥陀佛的左边，是密宗崇奉之佛。他千手千眼，可息灾、降伏、增益及敬爱，佛经说他是佛降魔除障时显现的造型。千手观音在中国颇受众生尊崇。

大日如来佛像

无量寿佛像

观世音菩萨像

千手观音像

五、文殊菩萨

文殊菩萨是侍于释迦牟尼佛身旁的著名佛尊，代表智慧。文殊菩萨通常手执慧剑，骑乘狮子。慧剑象征让众生以智慧斩断一切烦恼障，用狮子的吼声震醒沉迷于妄念烦恼的众生，帮助他们超度。

六、普贤菩萨

普贤菩萨是侍奉于释迦牟尼佛身右的佛尊，代表理德、行德，与文殊菩萨和释迦牟尼佛一起被佛徒们尊为华严三圣。

普贤菩萨的佛法是乘象的菩萨，象征普济众生一切贤德，以善行善义，帮助众生超度，所以深受佛徒的尊崇。

七、地藏菩萨

地藏菩萨又称地藏王菩萨，是发大愿的象征。他"安忍不动如大地，静虑思密如秘藏"。他发的誓愿是"地狱不空，誓不成佛"。他功德无量，深受众生崇奉。

八、弥勒菩萨

弥勒菩萨，又叫弥勒佛。他手持莲花，花上有宝瓶，象征慈心普度；头戴宝冠，冠中有卒都婆，是为了发愿众生悲苦之后，求得法身，故深得众生尊敬。

九、药师佛

药师佛，又叫药师如来。他左手执药器，右手做结三界印，身着袈裟跏坐于莲花台。药师佛能祓除众生一切疾病，既能医治众生的身痛，更能消除众生的心痛，所以深得众生诚服。药师佛尊领着日光及月光二佛，因全身透明无碍如琉璃，故又名药师琉璃光如来。

文殊菩萨像

普贤菩萨像

地藏菩萨像

弥勒菩萨像

药师佛像

欢喜佛像

十、欢喜佛

欢喜佛是藏传佛教密宗信奉的尊佛，是在对生殖崇拜产生的性力思想的基础上产生的，有单体和双体两种。代表法的男身与代表智慧的女身交合的欢喜佛，表现的不是淫乐，而是摧毁魔障之后的喜悦。

智慧启示 ....

以佛祖释迦牟尼为首的佛尊和菩萨对佛教的发展和流传做出了杰出的贡献。他们为佛教的诞生及佛理的传播起到了巨大的作用，因此被供奉于佛寺之中，成为众生心中的"神像"，千百年来被世世代代的佛徒们万般尊崇。

第二节　著名佛陀圣徒

释迦牟尼有五百弟子，其中最著名的有十名，像孔子一样，孔子的弟子有三千人，最著名的也是十名。

一、舍利弗

舍利弗是佛祖的高徒，他思维敏捷，号称智慧第一，能解诸疑，最得佛祖赏识，原本被佛祖选为继承人，可惜他如同孔子的弟子颜回一样早逝，给佛祖留下了最大的心痛。

二、迦叶

迦叶，又名摩诃迦叶，是佛祖的第二高徒，他最坚持苦行，所以有"头陀行第一"的称号。从"佛祖拈花，迦叶微笑"的故事可以看出佛祖将"正法眼藏"传授给他的意向。佛祖圆寂后，迦叶召集五百比丘背诵收集佛祖的言教，对佛教的传承及发展起了很大的作用，相当于孔子的爱徒子贡之于孔子的思想学说的继承和传播。

舍利弗像

迦叶像

三、阿难

阿难，又称阿难陀，梵文不是有难，而是"喜庆"之意。阿难是佛祖的堂弟，从小跟随佛祖出道，对佛祖的身教言传聆听最多，故被称为"多闻第一"，相当于孔子的弟子有子。阿难从小生得秀美可爱，所以得名"欢喜"（即阿难），深得佛祖喜爱，常与迦叶一起随侍于佛祖左右。阿难记忆力也很好，过目不忘，所以佛祖圆寂后的七叶岩集会上，阿难凭借他的记忆为佛经的撰写立下了大功。佛经开头总有"如是我闻"之语，就是指阿难背诵佛祖讲经的开头语，意为"我听佛陀如是说"。传说阿难曾被一个女修持爱得死去活来，后来修为阿罗汉果才了了此事。

四、摩诃目犍连

摩诃目犍连，又叫目犍连。他像孙悟空一样神通广大，身轻足灵，日行八方，故有"神通第一"之称。相当于孔子的高徒子路。在一次弘法出行中，他被外道暗杀，成为佛教史上第一个为传播佛法流血殉教的人。

五、须菩提

须菩提是佛迦十圣之一，因擅长讲大乘佛教的空义，故有"解空第一"之称，相当于孔子的弟子曾皙。

六、富楼那

富楼那也是佛迦十圣之一，因善于弘法，讲解佛经义理，故有"说法第一"之称，相当于孔子的高徒子夏。

七、摩诃迦旃延

摩诃迦旃延，又名迦旃延，是佛迦十圣之一，因善于讲经说法，尤其能分析佛理深义，故有"议论第一"之称，相当于孔子的学生宰我。

阿难像

摩诃目犍连像

须菩提像

富楼那像

摩诃迦旃延像

阿那律像

优婆离像

罗睺罗像

八、阿那律

阿那律是佛迦十圣之一，因善于观察洞悉，能见十分世界，犹有天眼一般，故得"天眼第一"的尊称，相当于孔子的徒弟南宫适。

九、优婆离

优婆离也是佛迦十圣之一，因其奉持戒律，从不犯戒律威严，故有"持戒第一"之称，相当于孔子的弟子子羔。佛祖入灭后，他把佛祖的戒律编存下来，为佛教戒律的流传作了贡献。

十、罗睺罗

罗睺罗是佛祖十高徒之一，同时也是释迦牟尼的独生子。他不毁禁戒，认真修行，深得佛祖喜爱，是僧团沙弥的鼻祖。由于严密尊敬奉敬，故有"密行第一"之誉，相当于孔子的儿子伯鱼。

智慧启示 ···

释迦牟尼的这十大弟子，数目上比孔子"弟子三千，贤者七十二"少了些，但是，这十位弟子各有所长，在襄助佛祖开创佛教并将佛教发扬光大的事业中功不可没。

第三节 十个佛禅经典故事

佛经作为佛教的经典，目的是宣扬佛教的教义，使更多的人从思想上或身体上，或者二者兼有地皈依这一宗教。为了宣传其教义并使其为更多的人所了解和接受，佛家采用了大量生动有趣的故事对其进行阐发，这就是佛经故事。

佛经故事内容浩瀚，精彩纷呈，包括佛僧的传奇故事以及涉及因果善恶的佛学寓言，对修佛及人生都有独特的启示意义。本节就从数以千万计的佛经故事中选取了十个，以期让读者"尝一脔肉，而知一镬之味"。

一、佛祖出世的故事

佛祖释迦牟尼的母后摩耶夫人产期将至，忽然王宫里出现了祥瑞景象：池塘里的白莲花盛开如伞盖，白鸟飞落在池边。摩耶夫人在湖边午休时，梦见一只白象来投胎，夫人遂感腹中有动，便乘车回娘家分娩。途经蓝毗尼园时，夫人因感腹内阵痛，便下车至一株茂密的婆罗树下休憩。她刚走到树下，腹中便动了起来，此时万千世界奇光异彩，佛祖诞生了。

二、"拈花微笑"的故事

这个故事出自《五灯会元》。

相传大梵天王请佛祖释迦牟尼在灵鹫山说法，并率众人把一朵花献给佛祖。佛祖向众弟子传授正法眼藏时一言不发，只用手拈着那朵花。大家都不明白佛祖的意思，只有迦叶会心一笑。佛祖便宣布将"正法眼藏"传予摩诃迦叶。为何传给迦叶？因为"正法眼藏"包含了佛家的一种涅槃妙心，这种妙心是无相的，不立文字的，所以也是无言语的，其中的智慧涅槃就在心领神会之间。

三、九色鹿的故事

这个故事出自《九色鹿经》。

在古印度恒河边的山林里生活着一头美丽的九色鹿，它的毛皮有九种颜色，常常与一只乌鸦交往。一天，九色鹿听见一个落入恒河中的人喊救命，它便来到河中，让那个落水者骑到它的背上。上岸后，被救的落水者向九色鹿跪下，说愿做九色鹿的奴隶为它采集水草。九色鹿谢绝说只要他以后不要说出自己栖身的地方就可以了。落水者千恩万谢地走了。

国王的王后做了一个梦，梦见了九色鹿。梦醒后她告诉国王想要用九色鹿的皮做衣服，用九色鹿的角做拂尘柄。国王就贴出布告寻找九色鹿。

一天，被救的那个人到城里，看见了国王的布告上说王后寻求梦中的九色鹿，任何人能指引寻找到九色鹿，国王将与其分国而治，并赏赐千金。被

摩耶夫人梦白象投胎

佛祖拈花　迦叶微笑

九色鹿

救的那个人贪念上涌，不顾九色鹿是他的救命恩人，便到王宫门口高喊他知道九色鹿的所在。于是国王带着大队人马到恒水边去捉九色鹿。乌鸦在树上远远看见国王的人马，就去给九色鹿报信，可是九色鹿睡得太熟了，没有听见乌鸦的话。等到九色鹿终于被乌鸦啄醒，已经来不及了，于是它来到国王的车前。国王的卫兵搭箭欲射，国王拦住说这只鹿不同寻常，该不会是天神吧。九色鹿告诉国王，它曾救活过国王的一个臣民，并问国王，是谁出卖了它。国王便告诉九色鹿出卖它的是车边的癞面人。九色鹿认出那人正是自己曾经舍身救下的落水之人，心里很悲痛。九色鹿对国王说，出卖它的人，正是被它舍身救过命的人，并说人无反复，说话不算数，不如负水中的浮木。国王听后很惭愧，便放了九色鹿。九色鹿又重新生活在恒河畔边。

后来，释迦牟尼说，这只九色鹿是他的前身，乌鸦是阿难陀尊者的前身，国王是净饭王的前身，落水者是提婆达多的前身。

四、鹿和猎人的故事

这个故事出自《佛说母鹿经》。

从前，在古印度，有一只将产小鹿的母鹿和鹿群走散了，独自生下两只小鹿。母鹿去给小鹿找吃的，不料被猎人的捕兽工具捉住。正当猎人要杀它时，母鹿流着泪请求让她去教会两只小鹿寻找嫩草和水源后回来再杀她。猎人说："不行，放你回去，你还不逃跑了。"母鹿反复恳求说："请相信我，如果我不回来，那不就成了说谎的坏人了？"

猎人本来已经被母鹿的爱心感动，想放它走了，但还想考验它一下，就放走了母鹿。过了没多久，母鹿果然回来了。

猎人十分感动，又见两只小鹿躲在远处掉眼泪，便对母鹿说："你的爱心和诚实感动了我，我不杀你，你快带着你的两只小鹿走吧。"母鹿叫来两只小鹿一起谢过猎人，然后带着小鹿们回到山林之中。

五、佛陀阿难摆脱色惑的故事

这个故事出自《楞严经》。

人最可怕的就是贪色和贪财，释迦牟尼的弟子阿难陀就挡住了美色的诱惑。

阿难是有名的美男子，许多女子曾经为之倾倒。一天，阿难乞食时路过

猎人和鹿

阿难与摩登伽女

摩登伽女的住所，被娑毗迦罗先梵天咒所迷惑，差点恋上摩登伽女，毁了戒体。关键时刻是佛祖即时用楞严咒的神力帮助阿难猛醒。可是摩登伽女依旧追随阿难不止，佛祖只得劝摩登伽女出家修行。终于，在佛法的感化下，摩登伽女不再被情欲所困，并证得了阿罗汉果。

之后阿难不解地问佛祖，自己为何会被女人迷惑。佛祖说那是五百年前你俩曾经经历过一次偶然的相视一笑，就是那一刹那间的因缘，轮回到了今世的情欲。阿难终于悟出了一个道理，原来自己的五根清净不清净可以轮回影响到很远，于是决心痛斩凡根，潜心修行，终于修成了著名的阿难陀。

六、阿那律证得"天眼神通"的故事

这个故事出自《佛遗教经》。

阿那律是佛祖的十大高徒之一，他是怎样证得"天眼神通"的呢？

原来，阿那律出家后十分贪睡，经常在佛祖讲经时睡觉。一天，佛祖呵责阿那律说："咄咄胡为寐，螺蛳蛤蚌类，一睡一千年，不闻佛名字。"意思是说阿那律在佛祖讲经时睡觉，和海里的螺蛳蛤蚌差不多，连佛的名字都听不见，业障太重了。

阿那律听了，非常惭愧，连续七天没有睡觉，精进用功。由于七天没有睡觉，阿那律的双目失明了。

佛祖知道后非常感动，就教阿那律修习金刚照明三昧，阿那律便证得了天眼通，从此能看到三千大千世界。

七、目连救母的故事

这个故事出自《佛说盂兰盆经》。

佛祖的大弟子目犍连，也叫目连，因神通广大，被称为神通第一。目犍连是个大孝子，他的母亲因作恶多端被打入十八层地狱，生于饿鬼之中，十分凄惨。目连就前往地狱给母亲送饭，但是饭未入口，就化为火炭，他的母亲始终也无法吃到饭食。目连十分悲伤，他找到佛祖。佛祖告诉目连，他的母亲罪孽太深，须十方众僧之力才能帮助她超度，就建议他在七月十五日广造盂兰盆，供养十方僧众，替母赎罪。于是，目连就在七月十五日那天广造盂兰盆，供养十方僧众，终于使他的母亲得以逃出地狱，脱离饿鬼之苦。目连的母亲吃饱后转入人世，但不能转生为人，生而为狗。目连虔诚地念了七

阿那律

目连救母

天七夜佛经，他的母亲才转化为人。目连的母亲为自己前世的孽过悔恨不已，决心出家修行，后来她终于证得了往生西方的心愿。从此每年的七月十五日中元节的盂兰盆会便成了佛教徒与众生斋供、诵经、说法的盛会。

八、埋雁造塔的故事

这个故事出自《大唐西域记》。

唐朝著名高僧玄奘从印度取经回来，为了保存佛经，在慈恩寺内修建了著名的大雁塔（此塔一直保存至今）。

佛界为何对大雁这样敬重呢？原来，在佛界流传着一个感人的故事。在古印度的摩伽陀国里有一所伽蓝，这里的和尚信奉小乘佛教，吃三净食（雁、鹿、犊肉）。一天，天空飞过来一群大雁，一个和尚开玩笑地说："今天中午大家的饭食还不够，菩萨应该知道吧。"话没说完，天上有一只大雁掉在和尚面前摔死了。这个和尚把这件事告诉全寺僧人，僧人们听了都很伤感，说："这是如来施法，让我们遵行大乘佛教啊。"于是，他们在寺内建塔，把大雁埋在塔下。从此以后，佛寺内便有了雁塔。

九、韦陀坐像的故事

韦陀是护法天神，他的原塑佛尊是立像，因为他必须在大雄宝殿前威严地站立着，守护着佛尊。但是在北京西山的大觉寺却有一尊韦陀的坐像。

原来，清代在建造大觉寺时，有一根柱梁木太沉重，架不上戒坛，僧人们都十分焦急，却想不出办法来，谁知道第二天早上却发现那根梁木居然架到戒坛上去了。大家都很惊奇，这时他们发现一个武士一般的佛尊立在一旁擦汗，一个老僧人喊了起来："啊！那不是韦陀护法天神吗？原来梁木是韦陀天神架上去的！"于是，众僧忙朝韦陀跪下朝拜。

人们为了感谢韦陀，就给他塑了一尊坐像，敬请他这位站佛坐下休息一会儿。

十、弥勒佛是胖和尚的故事

弥勒佛是众生修来世的佛，是佛祖释迦牟尼的弟子，他掌管着众生的"未来世"，因为人们希望弥勒佛给来世带来福音，所以就专门把弥勒塑造成一个喜笑颜开、肚子又胖又大的胖和尚的形象。

以身殉教的大雁

韦陀坐像

智慧启示 ··

　　佛教经典著作并不是简单地讲经说法，还包含许多故事，有助于诵经者和信徒从这些深入浅出的故事中悟出深刻的佛理和教义，从而坚定信仰和勇气。

　　此外，佛经中的大量佛教故事对佛教的流传和普及也起到了重要的作用。

【下篇】

佛禅对中国文化的智慧启示

第一章
佛禅对中国文化的贡献及影响

佛禅对中国文化产生过十分重大的影响，为中国历史留下了灿烂辉煌的佛禅文化遗产。本章将带领读者——去揭示佛禅与中国文化那解不开的渊源，从而让读者更加了解佛禅，更加了解中国的文化。

第一节　佛禅对中国文化的贡献及影响

佛禅既是宗教，也是一种意识形态，一种文化力量。著名哲学家任继愈先生说："儒、道、释三教是中国传统文化的三大支柱。"

一、佛禅对辩证法思想的贡献

佛禅虽然是唯心的，但其辩证法思想却焕发着斑斓色彩。

（一）佛禅强调万物都在"变化"

佛禅认为，客观物质世界永远处于不停的运动变化及发展之中，是刹那生、刹那灭的，没有永恒的常物（"无常"），在精神方面，同样是变动不居的（"无我"）。这种浓郁的辩证色彩在佛经中俯拾皆是。佛禅著名的空观即认为一切事物皆处于运动变化之中，没有恒常的实体，动即是空，空即是动。虽然佛禅把空与有的关系绝对化了，否认了事物质的规定性，但其强调事物运动变化的辩证法思想却是鲜明的。

（二）佛禅认为"事物并不孤立"

佛禅认为世界上的一切事物皆处于互相联系之中，所谓"因缘"、"缘起"即认为事物之间不是孤立的，事物的发生、发展都是依"因缘"而定的，也即是取决于内部根据及外部条件的。

华严宗的"一念三千"、"六相圆融"反映了宇宙事物之间普遍联系的观点，认为事物之间是相入相即，若即若离的；尤其体现了一般与个别、本质与现象、相对与绝对之间的辩证关系，是十分可贵的。这些都充分说明佛禅虽然是宗教，却蕴含着光辉的辩证法思想。

（三）佛禅重视"因果"

佛禅尤强调事物之间的因果关系，对哲学范畴中的因果关系做了重要的发展，如突出业因果报学说。

佛禅的业力影响深远，佛学以"业力"观点强调宇宙自然力量无限宏大，认为"业力"是自然界蕴存的一种自然的因果力量，是一种自然的蕴力。所谓业因果报，就是说自然界存在着一种无形的驾驭力及控制力量，这种力量驱使着新的行为的产生，控制着因业果报。佛教把这种自然蕴力应用于精神世界，认为道德因果也存在着一种业力，即所谓善恶果报，从而对人的行为和思想进行社会性约束，对维护社会规范起到了潜移默化的作用。

（四）佛禅否定"造物主"的存在

佛禅对待世界本体论持无神论观点，不承认世界存在着什么造物主。佛禅以"因缘"为持，即"诸法因缘而起"，万物以内部根据外部条件而生灭。

佛禅唯识论认为客观世界万物（境）的存在是以人的意识为转移的，即境由识定，境不离识。也即认为客观物质本身的存在及变化是无自性的，是由人的意识决定的。诚然，佛禅把意识与物质的关系本末倒置了，强调了精神是第一性的东西，违背了唯物主义物质第一性的原理，但是佛禅突出了人的精神与物质的依存关系，因此，唯识论是佛禅对"造世主"及"造物主"论的挑战。

佛禅是唯心主义的宗教体系，佛学是唯心主义哲学，因此，佛学哲学的重心是探索主观世界而不是世界本源。

唯识论即是主观唯心主义思想体系的典型。唯识论否认客观世界的存在，认为世界万物都是唯识的，所谓"境不离识"，"境依识存"。唯识论

诸法因缘而起

境不离识

还在缘起学的基础上突出了阿赖耶识理论，即以"种子说"探索心识的思维规律。

佛禅心理学刺激了中国哲学界对主观世界心理的探索，客观上推动了中国哲学由客观世界转化为主观世界的研究。

二、佛禅对伦理的影响

佛禅的道德因果报应理论虽然是唯心的，但客观上起到了戒恶从善的作用，对人的伦理道德起到了积极的影响。

佛禅悲苦观对中国伦理也起到了推动的作用。佛家的五戒（杀、盗、淫、妄语、饮酒）和儒家的五节（仁、义、礼、智、信）是相融合的；佛家的自觉觉他、普度众生和儒家的利他主义也是一致的。此外，佛家悲悯思想和儒家的仁爱思想及道家的忍让、谦和思想，客观上汇成了一股宗教的社会力量，对中国的伦理道德的建树起到了巨大的作用。

三、佛禅对中国文学、艺术的影响

佛禅对中国文学、艺术的影响是不可估量的，为中国成为世界文明古国起到了重要的推动作用。佛教输入以后的小说、诗歌、书法、音乐、舞蹈……无不渗透着佛禅的熏陶；遍及全国的金碧辉煌的寺庙，既是宗教建筑，也是文化艺术的象征；那巧夺天工的雕塑，那丰富多彩的壁画、廊画，更是熠熠生辉，巍峨的云冈、龙门、敦煌三大石窟艺术犹如屹立在东方的艺术宝塔，对中国的雕塑、绘画、建筑艺术的发展影响深远。

佛经中瑰丽的诗词意境、奇特的想象以及对来生的希望、渴求等，丰富着中国的诗词创作。

《大藏经》犹如浩瀚壮观的文海，为中国文学创作提供了源泉，滋润了中国的古典文学，脍炙人口的《西游记》就是以佛禅为素材的著名小说。其他如《红楼梦》中渗透着佛禅业因果报的思想，鲁迅的《祝福》也借鉴了佛禅善恶果报的理论，还有郭沫若以涅槃为书名的作品等，反映了佛禅文化对中国历代文豪的影响。至于佛禅中的悲苦、悲悯、普度众生的观点更是渗透在中国的许多小说、散文之中，而近、现代的文学家无不从佛学中汲取文化营养，滋养自身的作品。

此外，别具一格的佛禅语言还丰富了中国的语言、词汇系统，诸如净化、苦度、慈悲、觉悟、真心、因缘、清规戒律、目空一切、超凡入圣、芸芸众生、遁入空门、放下屠刀、立地成佛、苦海无边、回头是岸、一尘不染、勘破红尘、返本还原等，不胜枚举，大大丰富了中国语言的宝藏。

在舞蹈艺术方面，近代中国舞蹈还从敦煌雕塑、壁画中汲取素材，创造了大型舞剧——《丝路花雨》，那优美的反弹琵琶舞，便是来自敦煌艺术。近年流行的舞蹈《千手观音》也是取材佛禅人物和故事的成功典范。此外还有借鉴参禅创造出来的独特的禅定舞蹈。这些足以说明佛禅文化对中国舞蹈艺术产生了深刻的影响。

总之，佛禅对中国的文化具有重要的推动作用，是中国传统文化重要的组成部分，为中国文化的繁荣做出了不可磨灭的贡献。

智慧启示 ···

著名学者季羡林曾经说过，真正影响了中国文化的各个方面、社会的各阶层，把宗教意识带给中国的是佛教。所以，毫不夸张地说，不了解佛教在中国历史和文化史上所起的作用，就不算真正了解中国历史和中国文化史。

第二节　佛禅与中国文化融合的原因

起源于印度的佛教为什么能大盛于中国？就是因为佛教通过易儒这座桥梁和中国文化相通应。

佛教汲取了易儒的善、孝，从而使一个外来宗教能在中国站稳脚跟，然后便是儒、道从佛禅中各取所需，于是儒、道、佛三教互补互助，共同成为影响中国文化的重要内容。如果没有易儒这一桥梁，那么佛禅就不可能中国化，当然也就谈不上在中国立足了。

一、佛禅与中国古代文化相通应

佛教是起源于印度的宗教，并且在印度佛教已经衰落的情况下，中国佛禅还一度居于领先地位，就是因为佛禅和中国文化是相通应的。佛禅和中国文化的总源头《周易》息息相关，并且和儒家、道家都有暗合之处，儒、道、佛三教有许多互补之处。

如佛禅吸收了儒教的"孝"，强调佛禅同样是重"孝"的，并申明释迦牟尼就是一个大孝子，出家是为了解救芸芸众生，其父饭净王过世时，他曾回国守灵扶枢。

由于佛禅主动向中国文化示好，最终得到了中国文化的认同和接受。儒教借鉴了佛禅的心性（自性）理论，从而开辟了儒教的新思想领域，为新儒学的崛起创造了条件；而道教则引进了佛禅的禅定以丰富自己的内丹修炼。儒、道、佛三教互补，促进了儒、道、佛在中国的大发展，并共同构成了中国传统文化的重要内容。

二、佛禅在中国的思想基础

（一）《周易》仁义、孔子仁爱与佛禅大慈大悲

以《周易》及孔孟思想为理论基础的儒家是以仁、善为核心的。

《周易》倡举仁爱、仁义的利他主义精神，提出君子为人要厚道，要舍己照亮别人，并强调善恶的因果报应。如强调"君子以继明照于四方"、"君子以厚德载物"、"君子以虚受人"、"积善之家必有余庆"及"积不善之家必有余殃"。《周易·说卦》曰"立人之道曰仁与义"，又说"感而遂通天下之故"，即言要有像大地一样的厚德，只有感恻之心才能通于天下。

儒学先驱孔子倡举"仁"是人的最高道德标准，他说："仁者，人也。"而孟子认为仁性为人人所固有，他说"仁义礼智，非由外铄我也，我固有之也"，"人皆有不忍人之心"，即人性本善的理论。

佛禅大慈大悲是佛学两大思想核心（空观及慈悲观）之一。佛禅以悲苦怜悯为处世准则，认为一切众生悉有佛性，强调佛性为人所固有。由于佛禅的慈悲思想，尤其大乘佛教的度他思想和帮助他人超度的利他思想与中国古代思想文化相合拍，因此佛教一经传入中国，很快便被中国文化所接受，并迅速发展起来。

（二）《周易》中行、儒家中庸、老子中和与佛禅合拍

《周易》有言，"乾坤成列而易立乎其中矣"，"阴阳合德而刚柔有体"，主张阴阳合德，刚柔相济，提倡立中。

孔子提倡"过犹不及"，主张"和为贵"，孔子的嫡孙子思对孔子的中庸

战争之殇

思想进行了倡举和继承。

老子的"冲气以为和"与不争、忍让观点，都体现了"和为贵"的宗旨。

佛禅的空观、不杀生及各种戒、禁，实际也是"和"而不争的意识，与中国古代所奉崇的和平思想相融一，与《周易》中行、儒家中庸、老子中和思想相契合。

（三）《周易》自强不息对中国禅宗的影响

在印度佛教已经衰落的情况下，中国佛教的主要宗派——中国禅宗却盛行起来，其根源要溯源于《周易》及儒家的自强不息精神。《周易》强调"君子以自强不息"、"生生之谓易"、"天地之大德曰生"，受其潜移默化，印度佛教逐渐向具有独特精神面貌的中国禅宗演变。尤其唐宋时期大批文人参与习禅，使儒学思想向佛学渗入。宋明理学时期，许多思想家借鉴佛禅的心性理论发展心学，更加促使了儒、佛的互相融合，使佛教逐渐中国化。

三、佛禅在中国立足的社会根源

（一）中国封建社会对佛禅的影响

佛教自印度传入中国两千多年来，经历了由微到盛，由盛到衰的起伏过程。佛教在中国历经了中国的大部分封建社会时期，封建帝王对宗教的青睐，主要是为了利用宗教的威望，争取人心以巩固自己的统治。因此，佛教在中国和其他宗教一样，是随着政治地位的变化而几经浮沉的。如唐代统治者非常重视佛教，主要是为了安抚人心。

佛教传入中国早期，由于皇帝的宠重在中国立足并发展起来。但是，佛教既经历过北禅被唐朝三代皇帝宠重，也曾遭受"三武一宗"四次灭佛事件的磨难。如北魏太武帝以佛教不耕作为借口，在全国范围内大量拆毁寺庙，赶走僧尼，并强迫他们还俗，使佛教经历了一次大劫难。

唐代重视佛教。唐太宗李世民不排斥佛教是因为少林寺武僧在他夺取政权时曾经帮助过他，武则天大力支持佛教和她出过家有密切关系。

可以说，佛教曾几度复兴，也曾几度面临毁灭。佛教的命运一方面和统治阶级有密切关系，另一方面和封建王朝末期统治阶级腐败堕落，人民生活困苦，从而迫使不少人为了寻求解脱而皈依佛门也有密切关系。

不杀生

（二）中国传统伦理道德对佛禅的影响

《周易》倡举厚德，儒教奉崇仁义，《老子》注重谦和忍让，这些共同组成了中国宽厚崇让的传统美德，这也是佛教能够进入中国的主要原因之一。孔子曰："有朋自远方来，不亦乐乎！"表达了中华民族并非清高排外的民族，而是一个热情好客、谦和礼让的民族。因此，尽管中国内部已有自己的宗教，但对佛教还是敞开大门的。

中国是一个尚礼的国家，具有经孔孟建立维护起来的传统的礼教，因此对外来文化是以礼相待的。总体来说，儒、道、佛三者虽然不能说相互融一，至少可以说是互不干扰的，这也是外来的佛教能够在中国立足一千多年的主要原因之一。

（三）儒道促进佛教经典的翻译和刊印

在儒教重视经典文献的传统影响下，佛教经典在中国得到了大量的编译。对佛教经典的编译及刊印从南北朝时期开始，历经唐宋辽金元明清等几个朝代，至近代共完成佛经 1076 部，5048 卷，计 4000 多万字。

以上说明以《周易》、儒家和道家为基础的中国传统思想，是印度佛教在中华大地扎根的土壤，而印度佛教在中国的发展壮大，开花结果，犹如一颗优良的种子撒到了肥沃的土地上。

智慧启示 ··

佛教自汉代传入中国，迅速在中国立足，并且大盛于魏晋，鼎盛于大唐，深入人心于宋明时期；而禅宗则直至慧能圆寂一百年后，盛况依旧不减当年，这些启示了儒释道的相通以及中国文化的开放和高度兼容。

259

第二章
禅悟智慧对科学艺术的启示

一、禅悟对创新的启示

有这样一个故事：一个修持者以牙咬于树枝上，处于九死一生之绝境，下面一修持者向他求禅，如开口则必然掉下摔死，不开口又有负佛之望，在这生死关头是执于自我还是忘我入佛，逼迫修持者在短暂的时间内做出抉择。

这个故事是说禅经常把自己或修持者逼于绝境，然后使之绝处逢生，从而彻悟。当然，这也说明禅悟不是轻而易举之事，必要时必须付出生命代价。科学工作者、文艺工作者要想取得大成就，必要时也应该像禅悟一样付出代价。

二、顿悟与灵感火山爆发

禅宗的顿悟和我们说的灵感激发是一致的，是在"人境（物）合一"的情况下的突然豁然开朗。希腊数学之父欧几米德发明的欧几米德定律即是在洗澡时顿悟的，悟出后欧几米德连衣服都顾不上穿就奔往试验室。假如欧几米德没有进入"无我"和"物我融一"的境界，那么也就不可能在进入洗澡盆时顿悟。不少人认为牛顿从苹果落地悟出地心引力是偶然，按照禅宗的观点，则牛顿已达到"物我融一"的境界，于是这种悟出应该是必然的，而不是偶然的机遇。

三、禅悟是一种机缘

印度禅学中有一个故事。某国王欲选宰相，找到一个合适人选后，却要他持一盘盛满油的盘子从东城走到西城，不准洒出一滴，否则即杀死他。这个人一路上见到了父母妻子的悲哭，但他似乎没有听见；遇到了美丽的引诱，他也视而不见；碰到疯象引起的满街骚动，他依然无动于衷；皇宫失火，满城惊慌，蜂子叮螫……他都似乎没有看到，也没有听到，更没有感觉到，终于把油盘捧到目的地后一滴没掉下，于是皇帝被他的专一所折服，拜他为宰相。这就是禅心。

所以说，禅悟是一种随缘，亦即机缘，不是靠概念及推理去除妄念，专心致志才能入禅境。

四、禅悟是一种"物境融一"的境界

禅的最高境界为"物境融一"，"物我无二"。借鉴到科学艺术上，在进行科学艺术创新的时候，要像禅家一样做到"无我"，"物我无碍"。即把自己置身于客观世界中去，使自己的思维和物质之间的距离缩小到最小。这样才能做到真实，科学家才能去除虚假，艺术家才能做到逼真。如果一个人被欲妄及烦恼塞满了脑子，那么禅机与他无缘，他也就不可能有顿悟的机会。

五、禅悟对科学家、艺术家的启示

要做到物我融一是不容易的，因为要破欲妄障、烦恼障是很难很难的。一个科学工作者，或文学艺术工作者，内心的欲妄障和来自各方面的烦恼障是"我"与"物"之间的隔障，没有忘我的献身精神是很难入禅的。

牛顿一旦进入"忘我"、"物我融一"的境界，即把自己和物质世界的距离拉到了最小，那么即使不是苹果掉下来，就是别的东西掉下来也会使他顿悟的。牛顿把表当作鸡蛋下锅已足以证明他已经入了"物我融一"的境界了。

禅理一旦被科学家艺术家、作家们所借鉴则必然会大放异彩。演员的入戏，画家的入画，作家的构思，都有亲临其境的感受。事实也如此，只有达到"物我融一"的境界，才可能有高成就，如有些作家的作品之所以获得成功，是因为他在写作的时候已经进入剧情中，完全忘记了自己。一个画家、雕塑

家，如果能入禅境（"入境融一"），那么其作品一定会更逼真，多一分禅味则少一分虚假。一个舞蹈家跳舞的时候如果能够入禅，则效果必然不凡。艺术家们一旦入禅，美丑观也会发生改变，使之忠于事物的本来面貌，而这对美学的发展是有积极意义的。

所以，从事科学研究的人，多少要学一点禅定，心念浮游不定，沉淀不下来是无法开慧的。另外，禅在认识论上的绝对自由，对文艺的创作自由也有一定的启示，文艺创作将摆脱文字的或抽象理性的束缚，从而达到写真的程度，这是禅给文艺的启示。

六、禅悟对艺术创新的启示

科学艺术本来就是不断创新的，而禅的要旨恰恰就在于创新。禅贵在重亲自实践，尊重事物的本来面貌，不受理性、抽象的束缚，这对科学艺术的思路无疑都是有启发意义的。

科学和艺术历来最忌死搬硬套，更恶削足适履，这都是禅理所不容的。事物在时时刻刻地发展着和变化着，科学艺术若不创新便没有生命力，禅的"刹那间"和"无住"、"无常"含义都是极为深刻的，蕴含着事物是不会停留的深奥禅理。禅的这种忌照搬、反对理性的束缚的思想，对科学创新是很有启示性的。

古今中外，科学和艺术上的每一重大创新，都经历了重重障碍。布鲁诺因为反对日心说而被活活烧死，达尔文提出人由猿类进化而来却被斥为异端邪说。这些说明抽象理性的禁锢在许多情况下是阻挠科学发展的绊羁。而禅则不然，禅主张灵活，反对死板，并把束缚于抽象理性的禁锢形容为"僵尸"，这些禅理都是值得从事科学艺术事业的人借鉴的。

智慧启示

禅悟追求对人生、宇宙价值的深刻把握，重视对人生、宇宙的理想和对生命真谛的认识。这种终极追求，与科学、艺术的目标相一致。因此，禅悟与科学、艺术是相通的。

第三章

禅对中国文学的影响

一、禅对古诗词的影响

"禅诗——诗禅"：二者相得益彰，对诗词产生了很大的影响。

王维的诗洒脱自在，禅趣盎然，流芳后世。著名的《鹿柴》即是禅境的代表作：

> 空山不见人，但闻人语响。
> 返景入深林，复照青苔上。

"诗意——禅境"：物我融一体现了大自然的圆融无碍，令人有身置画境之感。如苏东坡的名诗《题西林壁》：

> 横看成岭侧成峰，远近高低各不同。
> 不识庐山真面目，只缘身在此山中。

"诗学——禅学"：诗禅的融一，互益互补。

僧皎然的诗，禅味甚重，既对研究禅学有价值，又给唐诗注入佛学的新鲜血液，加浓了诗的意境，同时也体现了诗禅之间的相得益彰。

诗人们吸收了禅诗特有的韵味和禅诗洒脱、夸张和超越的特色，诗禅合一丰富了诗词的表现形式，客观上对唐代新诗的发展起到了促进作用。

鹿柴

由于禅宗强调"平常心是道"，浓郁生活气息中的禅味感染着诗人，故禅诗大多是从生活中来的，因而使唐宋诗词变得更加饱满。并且禅宗重视今生，珍惜现实，重视人民的生活劳动，这些也对唐宋诗词的发展起到了积极的推动作用，使诗歌更加面向人生和实际。

二、禅宗对文学艺术创作的影响

中国文学受禅宗的影响是比较大的。在作品构思方面，许多作家深受禅的影响，在表现手法上往往亦有超越逻辑二元的情况，既不否定，也不肯定，既不是这，也不是那，都不是。这种影响正面地丰富了文学的表现内容，使文学创作摆脱了理性的、抽象的束缚，从而能更真实地、更活脱地反映客观世界。

另外，佛教大多比较重来生，而禅宗则更注重今世，这一点对文学创作的现实主义产生了一定的影响。禅宗重视日常生活劳动，而文学本来就是反映劳动人民生活的，因而禅对中国的现实主义文学产生了深刻的影响。尤其，禅的自由无碍的境界沁渗于文学中，增进了文学创作的洒脱自然、融境入情的程度，对减少经典式的刻板起了一定作用。

总之，中国古代诗词的发展曾经受到禅学的深刻影响，禅对中国文学，尤其是诗歌的影响是不能低估的。这启示我们，今天的诗歌也完全可以注入新的禅味，使当代诗歌更具有中国传统诗歌的特色。

智慧启示 ....

禅宗是最有中国特色的佛教，中国禅是在不违背佛教根本教义的前提下与中国文化的融合。正因为禅在中国化的同时，又没有脱离佛教的基本原则，所以成为一朵奇花，影响涉及宗教层面和其他人间层面。

第四章

佛禅对中医学、心理学的启示

第一节　佛禅对中医学的启示

佛教博大精深，佛学传入中国后，与中国本土文化相融合，必然对以中国传统文化为土壤的中医学产生影响。

佛教与中医学虽然一是宗教，一是科学，但二者仍然有相通之处，并且佛教对中医学产生了一定的影响，这也再一次证明文化和科学互通有无后，会带来怎样意想不到的前进。

一、佛家的悲悯对中医的影响

佛学是悲空哲学，慈悲是佛道之本。佛教始祖释迦牟尼修炼佛性，就是要帮助众生超度苦海。

《大智度论》说："大慈与一切众生乐，大悲拔一切众生苦，大慈以喜乐因缘与众生，大悲以离苦因缘与众生。"《华严经》说："善男子！譬如一灯然百千灯，其本一灯，无减无尽。菩萨摩诃萨菩提心灯，亦复如是。普然三世诸佛智灯，而其心灯无减无尽。善男子，譬如一灯入于暗室，百千年暗悉能破尽，发起光明，普照一切。菩萨摩诃萨菩提心灯，亦复如是。入众生心无明暗室，能灭无量百千万亿不可说劫积集一切诸业烦恼种种障碍，发生一切大智光明。"

大慈大悲

《大智度论》曰："大慈者，念令众生得乐亦与乐事，大悲怜愍众生苦亦能令脱苦……一切诸佛法中，慈悲为大，若无大慈大悲，便早入涅槃。"大慈大悲、救苦救难的精神，古往今来牵动了无数医生的心，唤起了无数医生的共鸣，对中医的伦理道德产生了深刻的影响。中医学深受儒学的影响，千百年来儒学仁道已渗入中医医道之中，而佛学的大慈大悲与医学的人道主义相融合，对中医医道伦理的建树起到了积极的作用。

二、佛教因果论对中医的影响

业力因果律是佛教的主要理论之一，佛教业力因果包括自然业力因果及道德业力因果两个内容。自然业力因果关系实际属于自然界的自稳平衡规律，《黄帝内经》中医运气学说即体现了自然界的稳态平衡原理。如《素问·六微旨大论》所说："相火之下，水气承之；水位之下，土气承之；土位之下，风气承之；风位之下，水气承之……"《素问·气交变大论》所说"夫五运之政，犹权衡也，高者抑之，下者举之"，体现了"亢则害，承乃制"的大自然业报力量，说明自然界的业力果报是一种自然协调的神用。中医极其重视这一规律，并将其充分应用于诊疗之中。

因果规律是万事万物的普遍规律，一个小小的因可能会引出巨大的果。因此，应用到医学上，防微杜渐，注意疾病的开始十分重要。并且，对待疾病不但要找出它的病因，还要像佛家一样找出它的"真因"（主要原因）。在治疗上要创造向良性结果发展的条件，即佛家所说的"有力增上缘"，不要悖逆因果的正常发展规律，如果"逆增上缘"，就会阻碍因果的正常发展关系。

此外，心理上一个小小的恶念，会酿出生理上多大的恶果，谁也不好估价，这意味着疾病的心理——生理因果关系十分重要，这也是当今心身医学崛起的缘故。

三、佛教对中医心理学的影响

中医历来都比较重视对心的探索，远在战国时代的《黄帝内经》即已奠定了中医的心理学理论。由于中国古代哲学比较着重于对宇宙本体及宇宙生成论的探索，而对主观世界的探索不如佛教，因此，佛教自汉代传入中国后，激发了中国哲学对主观世界的探索，同时也促进了中医的心系学及心理学的进展。

慈悲为怀

佛教对心性的探索是严谨而细腻的，唯识论的种子学说即是对心性思维活动过程的深入论述。在佛学心性及宋明理学重视心理研究的影响下，中医对心理病理的探索也取得了相应的进展，心身医学的地位在不断提高。

宋代医家陈无择一马当先，鲜明提出心理七情为诸病因之首（《三因极一病证方论》），以后各医家皆从不同角度对心理病理进行深入探研。金元四大家中，朱丹溪从阴虚心理异常，刘河间从火热病心理反应，李东垣从脾胃病与七情相关，张子和从攻下法与七情观察等方面，加强了对七情心理病理的论述。其余内、妇、儿、外科的心身医学也都取得了新的进展。这些都与佛教重视主观思维对中医的影响是分不开的。

佛教不但在临床心理方面影响了中医心理学的发展，而且在康复心理方面也有一定的促进作用。尤其佛教的禅定、瑜伽传入中国后，其独特的心理思维以及心理效应影响了中国的气功，促使中国气功由调息向调心方面深入，对人体心身的协调起到了良好的作用。

四、禅学对中医的影响

（一）禅门"直指人心，见性成佛"对中医的影响

禅喜欢单刀直入与外科手术的当机立断、斩草除根是相合契的。身体长了痈、瘤，及早切除是根本的办法，犹豫不决耽误了治疗时机则后患无穷。因此外科医师尤须要通一点禅机，内科医生也应学一点禅的执简驭繁和单刀直入，该补就补，当除的不能手软，开药方不能瞻前顾后举棋不定。

（二）禅门"直接触摸"对中医的影响

医学的重实践和禅学的重亲尝禅味有密切的关系。中医学的师传带徒采取口授心传的方式和禅家的以心传心、心印相传是相一致的。尤其禅宗忌模仿、重创新的禅风对医学的革新有一定的刺激作用。清代医家王清任的《医林改错》记载了他在解剖学上的大胆实践，他亲自到刑场及坟墓解剖尸体，观察人的五脏，这和禅家的不被理性文字所绊羁，直接去触摸事物本身是相契合的。

（三）禅门"心原是妄"对中医的影响

禅的"心原是妄"即无欲无妄观，对医学的七情心理为病的调整有一定

无欲无妄

的帮助，尤其适于由于"脱营"（先富后贫）、"失精"（曾贵后贱）的精神刺激因素导致的疾病。

清代脉学专著《三指禅》借鉴了唐代俱胝和尚的一指禅义，朱丹溪的《丹溪心法》、尤怡的《金匮要略心典》、程国彭的《医学心悟》都是有禅味的书籍。这说明自古以来禅医是相通应的，禅理渗透于医学之中，对中医学的发展是有启发意义和促进作用的。

智慧启示 ··

佛教经典中有很多医论、医术、卫生保健、禁咒等方面的内容，这些都随着佛教的传入，对中医学产生了很大的影响。此外，在中国历史上，佛门出了不少医家，他们或对中医的发展做出了重要贡献，或为中外文化交流做出了重要的贡献。

第二节　佛咒对心理学的启示

佛咒是佛教的特殊的修持方法。咒，梵语陀罗尼（Dharani）。所谓陀罗尼意为总持，具有两种神奥的作用，它能持能遮，即对善的行为能保持住而不散，而对恶的行为则能使之失去作用。

佛咒分为咒、密语及真言，是佛教的特殊修炼手法，尤其咒语是密教的主要修炼手段，属于佛学深层次的心理活动之一，只有精通佛学的人，才能知其真谛。

陀罗尼作为佛家之"持"法，包括闻、义、咒、忍四种。其中以咒陀罗尼最为神秘，能消灾除害，是菩萨从禅定所发之秘言。《大乘义章》中说，菩萨依禅定能起咒术，为众除患第一神验，名咒陀罗尼。咒陀罗尼无论显教或密教皆采用。

一、佛咒的奥秘

咒又称真言，是因为咒是从心里涌溢而出的心言。咒愿为佛家大事，常在法会上由大导师持诵。如果众多人在一起持诵，则四面八方的感召力量更大。

密教，如藏密则主要为梵字咒，有三字咒、五字咒、一字咒等，如唵（音嗡）、阿、吽（音洪）。梵字往往是诸佛的化身。

（一）祈愿咒

祈愿咒是佛咒最崇高的祝咒，亦为呼唤菩萨普度众生的心咒，故又称摄召咒。祈愿咒起增益作用，有延寿、成佛、降福的功德，主要为修持者所持用，目的在于以修持者虔诚的心念去与菩萨、佛的无上威力相感应，从而获得功德无量的佛、菩萨的超度，以加速过凡圣关，证得无上佛果。著名的《心经》般若波罗密多咒即是佛咒神力的象征。

原文：

揭谛揭谛

波罗揭谛

波罗僧揭谛

菩提娑婆诃

译文：

去吧，度去吧。

度到彼岸去。

众生都度到彼岸去吧。

快快地来成就无上佛菩提吧！

这个佛咒意思是佛菩萨普度众生的悲心深切，祝愿众生解脱烦恼心障，速离火海，登就彼岸。

佛禅认为，修持者虔诚笃信地念十万遍咒语，便能与佛发生共鸣，从而帮助其超度。这一类咒多盛于显教，虽然秘而不翻，但咒词多为祈词，故又称大神咒、大明咒、无上咒或无等等咒。

普济众生的神咒还有由七佛八菩萨所说大陀罗尼神咒的《广济众生神咒》，普度众生、去除业障、得生净土的《得生净土神咒》。再如，默念"南无阿弥陀佛"十万遍，则可获得大佛的无量功德。著名的观世音菩萨六字大明咒——唵、嘛、呢、叭、咪、吽，同样具有无量的感召力，为佛家修持所常诵。以增寿为主的，如无上瑜伽持诵的"弥陀长寿合修德"，日诵一千遍方能见效。

神咒中也有许多是福咒的，如《涅槃经》曰："我已受汝所说神咒，为欲安乐一切众生四部众故。"帮助成就涅槃的还有咒愿六德，如《增一阿含经》曰："咒愿有六德，施主檀越成就三法，信根成就，戒德成就，闻成就；施物亦成三法，物色成就，味成就，香成就。"

（二）"一字咒"

1."唵"字咒之秘

唵，属密教胎藏界的陀罗尼，加持时，诵此唵字，有五种意义：一为旧命，即和诸已成佛者的功德相感应，可助其成就无上佛业；二为供养，即以自己的虔诚感化诸佛，以获得供养；三为除觉，即以虔诚的唵字音惊醒自身本来的佛性；四为摄伏，即诵此唵字使一切神魔降伏；五为三身，即为法报化之三身。

唵字也可作观想用，释迦牟尼就是观想唵字于净月轮中而成佛的。

2."阿"字咒之秘

阿，是梵语中意义最大的字，《大日经疏》说"阿字是一切法教之本"，又说"阿字为一切字之种子"。佛教认为阿字为万字之元，有一百种意义，密教三秘尤其重视阿字，认为它是月轮种子。在密宗修持观想时口中一边诵阿音，心里一面观想自我心中一轮明月升起，其中有一朵八叶白色莲花，上面显现出一金色的阿字"集"。

阿字又为种子咒，为万咒之母，故佛学认为诵阿音或观想阿字具有息灾、增益、降伏、摄召四大功用。即言要常修"阿"字。故《金刚顶经·释字母品》曰："阿字门，一切法寂静故。"《大庄严经》曰："唱长阿字时，出自利利他声。"《大日经疏》曰："若见长阿字，当知修如来行。"可见"阿"字在佛咒中的重要地位。

3."吽"字咒之秘

吽，音 hong，该字有无尽之深义，具一切万法。

"吽"字，主要有集中佛力攻破业障的神力，故深得众生之青睐。

（三）多字咒

多字咒主要为三字咒、六字咒或更多字的咒，同样为诸佛的化身。如《一字咒经》曰："吾灭度（过世）之后，变身作此咒。"

三字咒即以唵、阿、吽三字为咒组，反复默诵达十万遍，功德自然显见。其中，唵字的音比较多，主要和天神相感应，即汇聚天上已成诸佛的佛业于顶轮；阿为中音，主要和人相感应，诵阿音时，收汇人间已成和未成佛的业力于心轮；吽音为低音，与地相应，能集中地神的业力于底轮。三者各从顶

持诵佛咒

轮及底轮向心轮集中，渐之，从心轮升起一轮明月，显现本尊，并和外界诸佛发生感召。

比较常用的六字咒即吹、呼、嘻、呵、嘘、呬。此六字咒常诵之有修持、益寿、健身的作用，佛家认为可与五脏相通，如《摩诃止观》说："呵治肝，吹呼治心，嘘治肺，嘻治肾，呬治脾。"

常用多字咒有以下两种：

观世音菩萨种子真言（咒）

梵号：阿利耶路吉帝湿啰。

译文：阿利耶（云圣）和路吉帝（云观）。即：观世音菩萨，或观自在菩萨。

观世音菩萨乃弥陀之化身，在净土为无量寿佛，在尘染世界救度众生。《华法经》中如来释曰："众生受诸苦恼，闻是观世音菩萨，一心称名，观世音菩萨即时观其音声皆得解脱……以是因缘，名观世音。"

梵号：唵阿洛利迦娑啰诃。

译文：阿洛利（指无染著），迦（指无染著者，即六观音——圣观音、千手观音、马头观音、十一面观音、准胝观音、如意轮观音，乃度六道众生之六观音也）。

此咒亦称莲华部心咒，其印相两手内缚，竖右手大指，即金界莲华部印也。

二、佛咒的作用

（一）祈愿

佛咒有祈福、祈愿的作用。佛家要求修持者要诚心，因为祈愿咒是所有佛咒中要求诚心最高的咒持。如《心经》的般若波罗密多咒就是祈愿菩萨帮助解脱痛苦，超越凡心的佛咒。

（二）消灾

如真言之修法有息灾、增益、降伏、敬爱四者，如《解深密经》说："息一切众生一切灾横。"如消灾咒，其《佛说炽盛光大威德消灾吉祥陀罗尼经》（一卷，不空译）曰："我今说过去娑罗王如来所说炽盛光大威德陀罗尼除灾难法……受持读诵此陀罗尼（咒）者，成就八万种吉祥事，能除灭八万种不吉祥事。"

又如《消除一切灾障宝髻陀罗尼经》（一卷，宋·法贤译），以及《消除一切闪电障难随求如意陀罗尼经》（一卷，宋·施护译），系佛在舍卫国与阿难说法及神咒的记载，其中包括观自在等佛的说咒。

此外，还有治流行病的神咒经，如《咒时气病经》（东晋·昙无兰译）；咒下神龙，请来旱雨的记载在佛经里也有很多，如《梁高僧传·涉公传》曰："涉公者，西域人也……以苻坚建元十一年至长安，能以秘咒咒下神龙……天辄大雨。"

（三）降伏

真言和咒密还有降魔除害的神力。如《降伏四魔金刚戏三昧》为降伏四魔之真言，《大日经·悉地出现品》曰："尔时毗卢遮那世尊，又复住于降伏四魔金刚戏三昧，说降伏四魔解伏六趣满足一切智智金刚字句。"

智慧启示

佛经和咒语对于修持者来说，二者不可偏废。佛法的修行关键是修心，需要将经和咒融入到心中，才能真正除烦恼障，圆满一切功德，才能通达涅槃的彼岸。

三、佛咒对中国文化的启示

咒语是宗教包括佛教及道教的特殊修持手段。佛咒的含义是很广的，有许多咒经是大经的缩影，蕴含着深刻的佛理。佛教用之作为修持的重要内容，绝不仅是驱鬼降魔之用。咒是密经，经是显咒，经咒本无二义，念经和念咒都属于念佛，与经相比，咒是经千锤百炼后的精义，含义深刻。佛咒具有总摄佛法深义的功力，故又名"总持"。密教的一字咒如唵、阿、吽等都有种子咒的意义。

此外，观世音菩萨六字大明咒"唵、嘛、呢、叭、咪、吽"，净土宗的"南无阿弥陀佛"，以及《摩诃般若波罗密多心经》的十八字咒，都是十分精炼的浓缩了的佛经。

我国传统的卜筮文化中的精华部分即属于密经，可以和佛咒相提并论。如《易经》的"元、亨、利、贞"即属含义深刻的四字咒，可以说浓缩了全部《易经》的蕴义，算得上是咒中之咒。道教中的一些咒言同样蕴含着很深的奥义，许多内丹经即是以咒经的形式体现的，如《参同契》的《鼎器歌》，实际上是炼丹密咒。

传统文化的继承，既要有规模宏伟的系统记载，也应有精练的文字缩影。佛教既有四千多万字洋洋大观的《大藏经》，也有仅二百余字的著名的《摩诃般若波罗密多心经》。中国传统文化既有浩如瀚海的经典巨著，也有篇幅不长的代表著作，如《易经》、《老子》，都垂名千古，这在某个方面说明文化的继承和弘扬需要经"咒"兼行。

我国文库如汗牛充栋，有丛书巨著万千，如汇书万部的《四库全书》以及集册千数的《古今图书集成》，但像《易经》、《论语》、《老子》一样的集大成微型巨著却无几，这对继承和发扬传统文化来说，不能不是一个应该引起注意的问题。

四、佛咒对心理学的启示

咒，主要是使众生和诸菩萨之间产生感召，而获得菩萨的功德，速证圆满圆融佛果，一般诵十万遍后即可见效。而且众僧在一起持诵，更易感召。另外，大师念咒还有消灾降魔的威力。佛咒为什么具有这样大的功力？如果从现代科学的观点来看，咒是一种声波，其功力是和心理学、医学以及物理学都有密切关系的综合效应。

关于佛咒深层次的奥义，目前尚未能解开。因为佛咒包括无声默念和有声持诵，其中无声默念并无声音发出，说明不是单纯的声波作用，而是一种潜在能力的输出和接收。人类现在对于自身的人体科学的探索还很肤浅，尚未触及更为复杂的范畴，这些难解之谜有待我们去揭示。

此外，佛教徒深层次的心理活动，也是值得进一步探索的。佛教最重视心理的修持，其独特的阿赖耶识（心识）反映了佛教心理活动涉及的深度，其超脱烦恼和断除妄念的绝招，有其宗教信仰的基础，也为我们提供了一个解决社会心理问题的方法。

中国古代的"祝由"在这一方面的作用是值得发掘的，如是许多心理危机、心理冲突问题便有了克星。总之，佛教超脱和净化的心理过程虽然是宗教性的、皈依性的，但却能解脱一些人的精神桎梏；并且，其中关于情感变化的规律性及心理活动过程是值得借鉴的。

色即是空

五、佛咒与医学

佛咒有许多是属于健身延寿的，即使属于成佛修持的也具有增益寿命的作用。如净土宗的"南无阿弥陀佛"六字咒，反复念诵达十万遍，不但能速证无等佛界，而且还有延寿作用。

所念咒语虽不属长寿范畴，却能增寿，这是心理对生理影响的结果。这是由于佛教注重心性的修持，专一而虔诚的心性修持产生的心理效应作用于生理的缘故，是不为长寿反而长寿的缘故。

藏密三密把加持、观想和诵咒融为一体，无形中起到了健身延寿的作用，在这方面，藏密体现了它的健身优势。其观想三脉七轮及观想明点，以及金刚数息法，使修持者在加持念佛的同时起到了调摄身息的作用，反映了生理与心理之间的相互关系，这对健身极具意义，也是佛家多长寿的缘故。

另外，佛家还有专门的长寿咒，如《圣六字增寿大明陀罗尼经》，尤其是"吹、呼、嘻、呵、嘘、呬"六字诀，更具有健身防疾作用。由于此六字的音律高低强弱不一，因此分别作用于人体五脏，故《摩诃止观》说："呵治肝，吹呼治心，嘘治肺，嘻治肾，呬治脾。"《小止观》说："心配属呵，肾属吹，脾呼肺呬圣皆知，肝脏热来嘘字至，三焦壅处但言嘻。"

总之，佛咒对健身防疾、延年增寿皆有一定作用，尤其藏密三密的加持念佛与观想调息相融合的修持法是值得今人借鉴的。

智慧启示 ··

文化是相通的，佛咒作为佛教的一部分必然与其他文化形式相沟通。有沟通就必然会发生影响，关于佛咒的影响，无论你信与不信，一直都存在着，并还会一直存在和影响下去。

【结束语】

禅对中国文化与思维智慧的影响

一、禅对中国文化的影响

在禅家有这样一个故事。有人问一个和尚，你是哪一教的？他指指头上戴的儒帽，问者说：哦！你是儒教。他又指指脚上穿的道家鞋，问者说：哦！还是道教呢！和尚又指自己穿的袈裟，问者赞曰：原来你不只是儒教、道教，还是佛禅呢。

这个故事说明禅在中国文化中与儒、道互相渗透。

禅学在后汉时期即已在中国开始流传，从达摩来到中国后开始传宗，至慧能后大盛于中国。禅学在中国佛禅中一直占支配地位，影响中国的思想、文化、信仰达千年之久，并吸引了大批的文人仕士，对中国的文学、艺术都有着深刻的影响。因此，研究中国的思想文化，必须研究禅学。

禅学在中国能长期立足、发展并影响中国文化达千年之久，主要的原因在于印度佛学和中国传统文化有因缘，印度禅和中国的儒、道家思想相契相融之故。印度佛禅的大慈大悲和中国儒家的仁、善相合拍，其入菩提涅槃境界又与道家的成仙暗合，而无妄无为的空观又和道家的无欲无为相默契，因此儒、道、佛"三教融一"。如儒家吸收了佛禅的心性，从而发展了自己的心学而成为新理学；道家吸收了禅家的禅那，从而发展了自己的神仙修道。从此，儒、道、佛三教在中国长期鼎立，成为中国的三大教，从思想、文化各方面深刻地影响了中国的文化。

发源于印度的佛禅在印度反而衰败了，而传到中国后却得到盛行，归根到底就在于印度佛禅在中国找到了合适的土壤，于是便开出了美丽的花，结出了丰硕的果。

二、禅思对思维智慧的启示

（一）禅思的独到之处

空手把锄头，
步行骑水牛，
人从桥上过，
桥流水不流。

这个禅偈明明是违背常理的，不符合逻辑的，却恰恰是禅理的核心，表明禅往往是超越逻辑的。

通常我们的思维应该是合乎逻辑的，但禅理则对常规的逻辑思维规律不屑一顾。禅认为理性的、抽象的东西都是人为的，不能概括所有的客观现象，就像在辩证逻辑产生之前，人们的思维被禁锢在形式逻辑的圈子之内，那么现在也同样不能为辩证逻辑所束缚。

日人铃木大拙认为，禅是超越了理性而和事物直接触摸。禅这一独特的思维方式，可以堂而皇之地违背常理、推翻逻辑推理，并对一切哲理不屑一顾。

禅思的这一独特性启示我们应敢于大胆否定前人的观点，尤其应直接触摸事物的原型，这样才能不受定论的影响。禅的超越逻辑包含着思维的更深层次，这是我们应该借鉴的。

（二）禅思维的特点

1. 直接触摸事物原型

禅的思维是重感性、忠于事物的原貌，掀开一切固有的理性的遮盖，亲自去触摸事物的原型。因此，禅敢于向逻辑学挑战。

"美"与"丑"是一对立的范畴，在形式逻辑看来，美的就是美的，丑的就是丑的，即非美即丑；决不能既美又丑；而辩证逻辑则认为在一定的条件下美和丑可以互相转变。如形式逻辑认为孔雀美、乌鸦丑，辩证逻辑则可以认为从一定的角度来说孔雀也可以说是丑的，乌鸦也可以说是美的。禅则超越了逻辑学的肯定与否定的二元对立，并处于其上，认为孔雀和乌鸦都不美，也都不丑，孔雀就是孔雀的样，乌鸦就是乌鸦的貌，根本不存在美与丑的对立，美与丑本是人为的。

太阳从东边出从西边落，这本是千古不变的观点，但禅宗就偏要说日出西山、日落东山，这并非有意亵渎常理，而是"东"、"西"的概念划分本来就是人为的，因此，就是说太阳从西边出也无损于太阳，因为太阳依旧从地平线上钻出来。

世界上不存在终极真理，一切都在发展中和更新中。日心说不是被推翻了吗？牛顿的经典物理学也同样被以量子力学和相对论为代表的现代物理学所取代；爱因斯坦的相对论现在不是也面临挑战了吗？这些科学规律的发现都是超世纪的，但是也被时间证伪或取代。因此，禅独特的思维观念对人们的思维来说是有启迪意义的，尤其从事科学研究的人应敢于否定前人的观点，否则就不能有创新，事物就难以发展。

心外无法

2. 禅思不受先验的束缚

禅宗最忌模仿和人云亦云。有一个故事，讲一指禅师因为小沙弥模仿他，所以断其手指，小沙弥因之而悟。禅思的可贵之处即在于不受先验的理性所桎梏，而是自己亲自去体验，这样对事物重新认识的机会便增多了，对创新是有利的。

3. 禅思珍惜现在

有一个故事讲一位皇帝请问一位禅师人死后往何处去，禅师回答说：不知。皇帝问为何不知，禅师回答说：因为我还没有死。

4. 禅思珍惜生机

禅思的另一可贵之处在于求生欲强，善于握住生路的绳索。禅家喜欢以牧牛为喻，主张紧系生命之绳索。

石巩和尚正准备牵牛出去，马祖问他：

问：作么事？

答：牧牛。

问：作么牧？

答：吃牛草去。

祖曰：真牧牛也。

这段对话，十分洗练，短短几句语言中，蕴含了深奥的禅机：生路在于维系。

总之，禅理中有许多东西是值得我们反思的。事物是不停地变化和发展着的，万千的物质，不是几个规律包容得下的。我们的哲学，包括逻辑规律，还远远没有概括所有的思维和现象；因此，我们的哲学家和逻辑学家大有"入禅"的必要，把禅学中的更深层次的思维奥秘借来，去开创思维的更高层次。

智慧启示 ···

禅与中国文化已经你中有我，我中有你了，但是说到底，还是中国文化受益更大。可以说，自从禅来到中国，中国文化便更加博大精深了。

禅的智慧